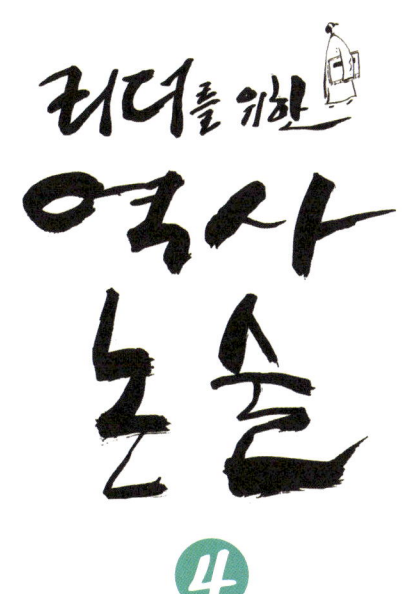

병자호란 이후부터 개항 이전까지

머리말

역사는 무조건 외우는 암기과목이 아니에요. 역사는 돌무더기나 기와 조각 같은 몇 가지 단서들(기록물, 유물, 유적)을 가지고 상상력을 발휘하여 퍼즐 조각을 맞춰 나가는 활동입니다. 우리는 그것들과 대화하면서 옛 조상들뿐만 아니라 그 시대의 생활 모습과 문화를 이해하지요. 그래서 역사는 추리 소설과 비슷해요. 역사가 재미있는 이유도 바로 여기에 있습니다.

몇 년 전에 일곱 명의 선생님이 역사 논술 교재를 만들기 위해 모였습니다. 선사 시대부터 현대까지 우리나라 역사를 재미있게 배우고 가르칠 수 있는 역사 논술 교재를 만들기로 합의했지요. 세 분은 선사 시대부터 고려 시대까지의 역사를 맡기로 하고, 두 분은 조선 시대, 다른 두 분은 조선 시대 후반기인 외세의 침입부터 현대까지의 역사를 맡기로 했어요. 원칙은 다섯 가지였습니다.

첫째, 초등학생들도 재미있게 할 수 있는 교재여야 한다.

초등학교 시절에 역사를 재미있게 배워야 중·고등학교에 가서도 역사의 향기를 좋아할 테니까요.

둘째, 어떤 역사책을 읽고 수업하든 상관없는 교재로 만들어야 한다.

심지어 선생님이나 학부모가 역사에 대해 잘 안다면 이 교재만으로도 수업할 수 있습니다. 역사적인 사실은 세월이 가도 변하지 않으니까요. 모든 역사책은 기본이 같아요. 따라서 이 교재로 수업을 할 때는 다른 한국사 책을 읽고 수업하면 많은 도움을 받을 수 있을 거예요. 〈리더를 위한 역사논술 4 – 병자호란 이후부터 개항 이전까지〉는 〈리더를 위한 한국사 만화 4 – 조선 시대사 2〉가 많은 도움이 될 겁니다.

셋째, 우리나라 역사의 흐름을 쉽게 알 수 있어야 한다.

이 교재는 단순한 문제 풀이가 아니라 우리나라의 역사 이해라는 목적을 가지고 있어요. 역사는 연표 외우기보다는 전체의 흐름을 이해하는 것이 중요합니다. 역사가 너무 단순하거나 어려우면 아이들이 역사 전체를 싫어할 수 있거든요. 역사가 쉽고 재미있어야 학생들의 지식도 깊어질 수 있습니다.

넷째, 교사나 학부모가 가르치기 좋고 학생들이 이해하기 쉬워야 한다.

방과후학교에서 일주일에 한 번 수업한다면 2-3개월 분량, 방학 때 일주일에 두 번 수업한다면 1-2개월 분량의 교재예요. 분량이 너무 많으면 학생들이 지칠 수 있고 너무 적으면 교사나 학부모가 아쉬울 수 있어요. 그럼에도 불구하고 수업 분량은 학생들의 수준이나 교육 여건에 따라 조금씩 조절할 수 있을 거예요.

다섯째, 주인 의식을 갖게 하는 교재여야 한다.

모든 국민이 주인 의식을 가지고 있어야 다른 나라의 간섭에 주체적으로 대처할 수 있어요. 일정한 문제들에 대해 토론할 수 있도록 만든 이유도 여기에 있지요. 토론할 때는 주체성이 가장 중요하거든요. 이 교재에 〈리더를 위한 역사 논술〉이라고 이름을 붙인 까닭도 여기에 있습니다. 이 교재가 역사의 강을 건널 때 징검다리 역할만 한다고 해도 우리는 만족할 거예요.

원래 〈리더를 위한 역사 논술〉은 3권이었습니다. 그러나 많은 선생님이 기존의 교재에 부족한 부분들을 좀 더 보강하여 알차게 꾸며 달라는 요청을 하셨습니다. 그리하여 〈리더를 위한 역사 논술〉을 6권으로 만들고 따로 종합편과 실전편을 만들기로 계획했습니다. 이미 이 교재를 사용하셨던 분들에게 이해를 부탁드립니다.

마지막으로 이 교재가 나오는 데 원고 검토와 교정 교열 등에 도움을 주신 배동순, 이근하, 정미선, 김혜정, 갈진영 선생님을 비롯하여 많은 선생님들께 감사드리고, 특히 동국대학교 사학과 학과장이신 양홍석 교수님과 제주대학교 전영준 교수님 그리고 인하대학교의 차인배 교수님과 현대 고등학교의 최태선 선생님께 감사드립니다.

집필자들을 대신하여 　원장 박우현

교재 사용 방법

이 교재에는 단원마다 전체의 역사를 알 수 있는 만화, 그림으로 만든 연표가 문제와 더불어 들어 있어요. "한눈에 쏙쏙! 시대 엿보기"예요.

교사와 학부모 그리고 학생들은 펼친그림과 연표를 통해 단원 전체를 한눈에 알 수 있습니다. 재미있는 이야기와 더불어 그림을 통해 앞으로 배울 전체의 흐름을 이해한다면 더욱 좋겠지요?

역사를 이야기할 때는 재미만 중요하지 않아요. 역사 상식이 있어야 해요. 그래서 먼저 "머리에 술술! 역사 상식"을 배치했습니다.

여기서는 게임, 퀴즈 등으로 시대별로 중요한 역사적 사실들을 정리할 수 있어요. 상식만 정리해도 굉장한 지식을 습득할 수 있어요.

역사 공부도 몰입이 중요해요.
"재미가 솔솔! 역사 속으로"

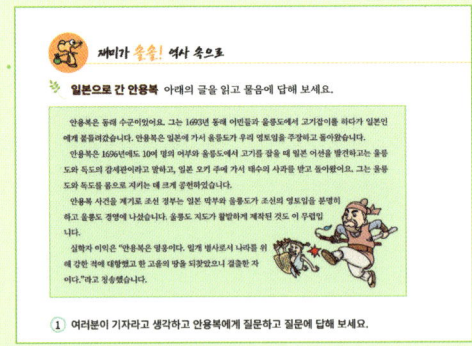

역사 속에서 그 시대 사람이 되어 생각해 본다면 역사가 조금 더 실감 날 수 있어요. 학생들이 역사 속의 주인공이 된다면 그 시대를 좀 더 가깝게 느낄 수 있지요.

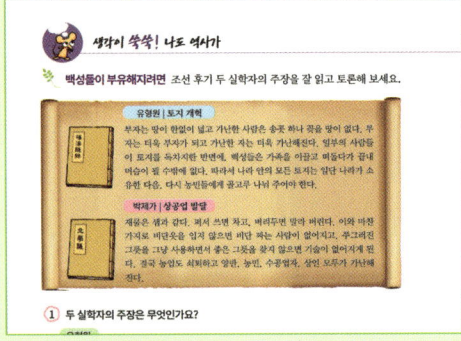

학생들도 역사의식이 있어야 해요. "생각이 쑥쑥! 나도 역사가" 코너는 역사에 대한 자기 생각을 필요로 해요.

토론할 때는 무엇보다도 자기 생각이 중요해요. 자기 생각이 있어야 다른 사람들의 생각에 대해 창의적으로 대처할 수 있습니다.

" 마음에 꼭꼭! 되돌아보기"

앞서 학습한 내용에 대한 정리와 더불어 역사의식을 가지고 새롭게 자신의 가치관을 정립할 수 있어요. 공부할 때는 요약과 정리만큼 중요한 것은 없어요. 핵심을 파악해야 정확하게 안다고 할 수 있거든요.

<리더를 위한 역사 논술> 교재 한 권은 단원별로 구성되어 있습니다.
교사나 학부모는 수업 방식에 따라 그리고 학생들의 역량에 따라 분량을 조절해서 수업할 수 있어요.

그림을 중시했어요.

학생들은 그림을 좋아하니까요. 그림 속에 역사 이해의 열쇠가 숨어 있어요. 생각의 단초도 제공할 거예요. 잘 살펴보세요.

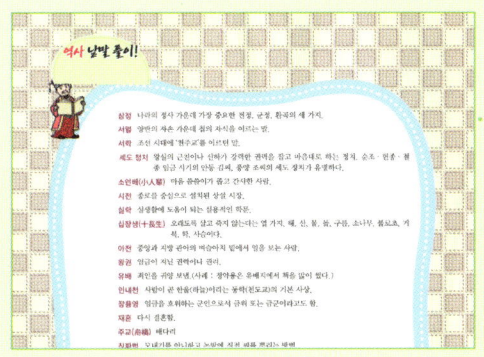

교재 뒷부분에는 역사 탐방 장소와 역사 낱말 풀이가 있어요.

시간이 되면 역사와 관련된 장소에 직접 가서 체험해 보세요. 백문이 불여일견, 백견이 불여일행! 백 번 듣는 것보다 직접 체험하는 것이 더 효과적이니까요.

지침서는 선생님용이에요.
학생들은 더 알고 싶은 내용이 있으면 선생님이나 부모님께 물어 보세요. 좋은 질문은 여러분을 더욱 멋진 사람으로 만들어 줄 거예요.

이 책을 통해 여러분들과 함께 신 나고 재미있는 역사 여행을 할 수 있게 되어 무척 기뻐요. 이 기회에 여러분도 세상을 보는 멋진 눈을 갖게 되기를 바랍니다.

지은이 일동

차례

04 변화하는 조선 사회

한눈에 쏙쏙! 시대 엿보기　　10

머리에 술술! 역사 상식 1　　14
임진왜란과 병자호란의 영향 | 대동법 확대 실시
영조, 정조의 업적 | 균역법
상품 작물 재배로 인한 시장의 성장
조선 후기 상업과 무역 활동 지도
금속 화폐의 역사 | 조선의 자랑 도자기와 생활 용품

머리에 술술! 역사 상식 2　　22
서민 문화란 | 서민의 대표 문화 - 판소리와 한글 소설
흔들리는 신분 제도 | 실학자들의 활동
서학의 전래와 동학 창시 | 농민 봉기
삼정의 문란과 세도 정치의 결과

재미가 솔솔! 역사 속으로　　30
대동여지도 | 붕당 정치 | 일본으로 간 안용복
전하, 저의 소원을 들어주소서! | 정조의 꿈 수원 화성
농촌의 변화 - 모내기법 | 새로운 문물
무슨 생각을 할지 상상해 보아요! | 실학자의 꿈

04 변화하는 조선 사회

생각이 쑥쑥! 나도 역사가   40

탕평비가 필요해요! | 왕을 위한 그림 '풍속화'
민화의 의미 | 조선 후기 여성들의 삶
백성들이 부유해지려면 | 노비종모법
규장각 | 정조의 인재 등용 | 새로운 사상
빙고 놀이를 해 보아요.

마음에 꼭꼭! 되돌아보기   50

변화하는 조선 사회 마인드맵 그리기
역사적인 인물 | 역사적인 사건
역사 탐방 안내 | 역사 낱말 풀이!

"모든 역사는 현대사이다."

- 크로체(Benedetto Croce) -

학습 목표

1. 영·정조의 업적에 대하여 알 수 있다.
2. 농촌과 시장이 변화하는 원인과 결과에 대하여 알 수 있다.
3. 흔들리는 신분 제도와 당시 여성들의 삶의 모습을 알 수 있다.
4. 서민 문화의 종류와 작품에 담긴 의미를 알 수 있다.
5. 실학에 대하여 알 수 있다.
6. 조선 후기의 종교와 민란에 대하여 알 수 있다.

변화하는 조선 사회

길라잡이 책소개

〈리더를 위한 한국사 만화 4 – 조선 시대사 2〉

화서문과 서북공심돈

정조의 꿈

"선생님, 수원 화성은 참으로 웅장하고 멋있어요. 화성이 세계 문화유산으로 등재되었다니 더욱 자랑스러워요."
"눈을 감고 들으면 성을 쌓는 소리가 들리는 것 같고, 눈으로 보면 수많은 사람들의 땀방울이 보이는 것 같지요?
화성은 정조 임금의 꿈과 실학자들의 노력 그리고 백성들의 땀으로 만들어진 거예요. 백성들을 사랑하고 나라를
부강하게 하려는 노력 때문에 화성은 더욱 아름답게 보입니다."

한눈에 쏙쏙! 시대 엿보기

한눈에 쏙쏙! 시대 엿보기

☐☐☐☐ 제작
1678년(숙종 4년)

☐☐☐☐ 울릉도와 독도에서 일본인 몰아냄
1693년

정약용 ☐☐☐☐ 발명
1792년

서학(천주교) 금지
☐☐☐☐ 년

화성 완공
☐☐☐☐ 년

1811년

동학 창시
☐☐☐☐ 년

머리에 쏙쏙! 역사 상식 1

임진왜란과 병자호란의 영향 임진왜란과 병자호란이 끝나 고향으로 돌아가려고 합니다. 안전하게 고향으로 가 봅시다.

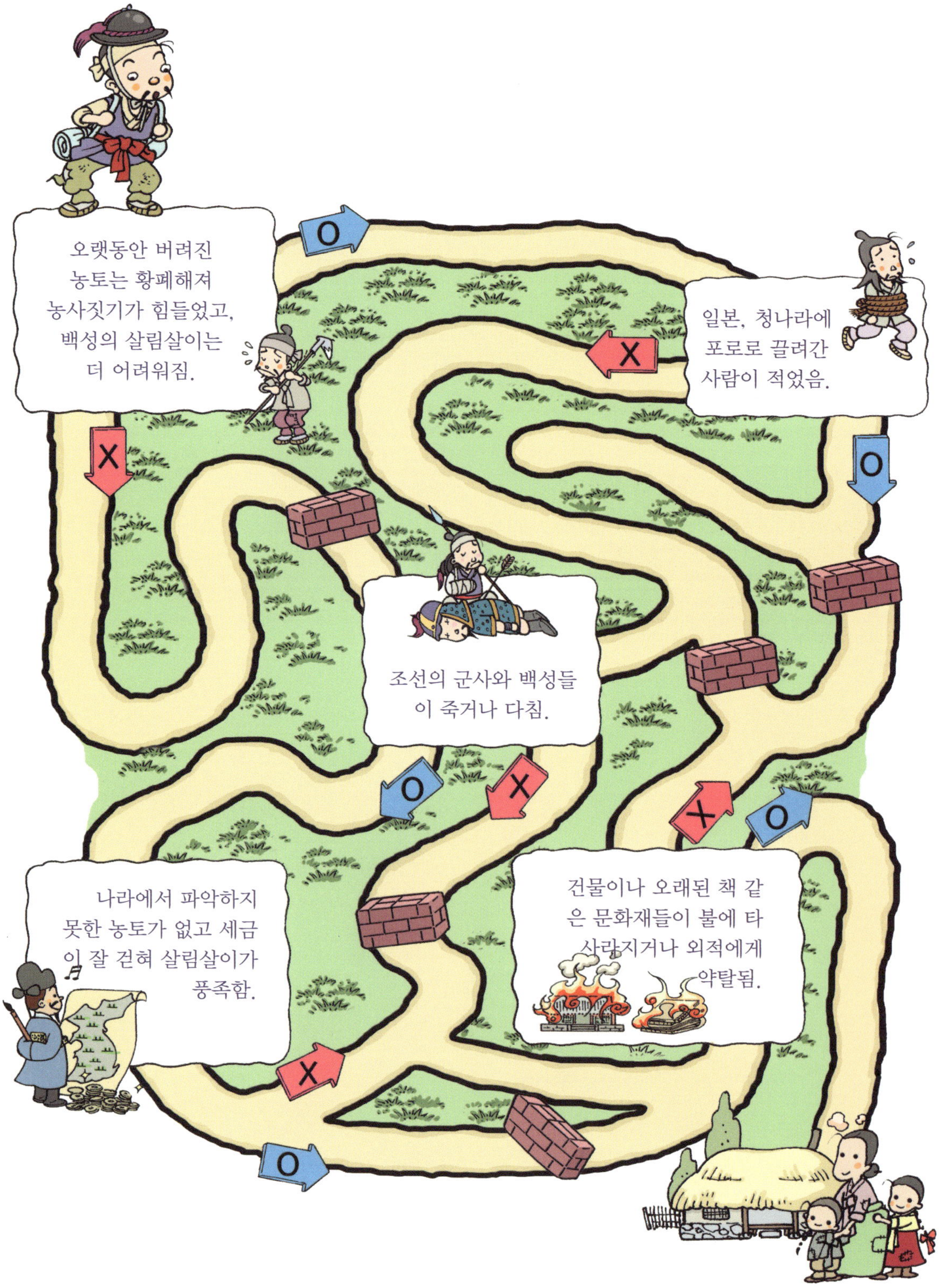

- 오랫동안 버려진 농토는 황폐해져 농사짓기가 힘들었고, 백성의 살림살이는 더 어려워짐.
- 일본, 청나라에 포로로 끌려간 사람이 적었음.
- 조선의 군사와 백성들이 죽거나 다침.
- 나라에서 파악하지 못한 농토가 없고 세금이 잘 걷혀 살림살이가 풍족함.
- 건물이나 오래된 책 같은 문화재들이 불에 타 사라지거나 외적에게 약탈됨.

🌿 **대동법 확대 실시 - 지도 읽기** 아래의 지도의 빈칸에 대동법을 실시한 왕의 이름을 써 넣고 물음에 답해 보세요.

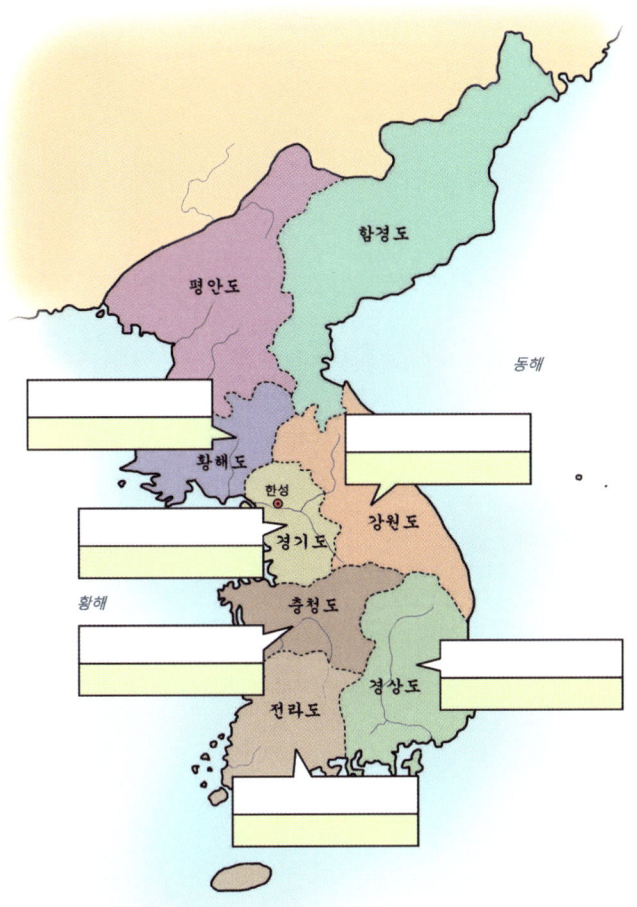

특산물 대신 토지 면적에 따라 쌀이나 베, 무명, 돈으로 내도록 하는 제도가 대동법입니다. 토지가 없거나 토지가 적은 농민은 세금이 줄어들었습니다. 대동법은 광해군 때 처음 실시했고 병자호란 이후에 더욱 확대되었습니다.

① 세금을 특산물로 내는 것이 부담이 되는 이유는 무엇일까요?

② 평안도와 함경도에서는 대동법을 실시하지 않았습니다. 그 이유는 무엇인가요?

머리에 솔솔! 역사 상식 1

영조, 정조의 업적 [보기]에서 알맞은 단어를 골라 아래 빈칸을 채워 보고, 누구의 업적인지 써 보세요. (줄들을 따라가면 알 수 있어요.)

보기 화성 집현전 서얼 천민 균역법 대동법 탕평책 규장각 삼심제 고문

TIP **서얼(서자)** 둘째 부인의 아이 | **균역법** 군대 가는 대신 나라에 옷감(베) 한 필을 바치는 법률
탕평책 신하를 골고루 등용하는 정책 | **규장각** 왕실 도서관 | **삼심제** 세 번 조사하는 제도

1 (　　) : 서로 다른 편의 신하들을 골고루 벼슬을 할 수 있도록 하였다.

2 왕권을 강화하기 위하여 (　　)을/를 건설하였다. (　　)을/를 군사와 상업의 중심지로 만들고자 노력하였다.

3 (　　)들에게도 벼슬에 오를 기회를 주었다.

4 왕실 도서관인 (　　)을/를 설치하여 새로운 인재들이 나랏일을 연구하도록 하였다.

5 (　　) : 16개월마다 베 2필씩 받던 군포(병역 대신 나라에 내는 베)를 12개월에 1필로 줄여 주었다.

6 죄수에 대한 가혹한 (　　)을/를 폐지했다.

영조

정조

영조 :
정조 :

균역법 만화를 읽고 물음에 답해 보세요.

1750년(영조 26) 종래 1인당 2필씩 징수하던 군포(軍布)를 1필로 감해 주는 제도인 〈균역법〉이 시행되었다.

① 대동법과 균역법의 차이점은 무엇인가요?

② 균역법을 시행한 이유는 무엇인가요?

머리에 솔솔! 역사 상식 1

🌿 **상품 작물 재배로 인한 시장의 성장** 안전하게 건널 수 있도록 아래의 징검다리를 완성해 보세요.

○ 시장 발달의 원인과 결과는 무엇인가요?

원인	
결과	

○ 한양에 상점 두고 장사를 하면서 왕실이나 관청에 물품을 공급하던 곳을 무엇이라고 하나요?

○ 지방 사람들이 물건을 사고팔 수 있는 장소로서 보통 5일마다 열리는 곳을 무엇이라고 하나요?

조선 후기 상업과 무역 활동 지도 - 지도 읽기
지도의 빈칸에 상인의 이름을 [보기]에서 찾아 적어 보세요.

| 보기 | 만상 | 유상 | 송상 | 경강상인 | 시전 상인 | 내상 |

 **머리에 쏙쏙! 역사 상식 1**

 금속 화폐의 역사 화폐의 역사를 보고 변화의 배경에 대하여 써 보세요.

건원중보	해동통보/활구	소은병	저화	조선통보	상평통보
고려 성종 15년(996년)	고려 숙종 7년(1102년)	고려 충혜왕 원년(1331년)	조선 태종 원년(1401년)	세종 5년(1423년)	숙종 4년(1678년)

1) 화폐가 사용되기 전에는 화폐 대신 무엇을 사용했을까요?

2) 금속 화폐를 사용하면 편리한 점은 무엇일까요?

3) 금속 화폐를 사용하면 불편한 점은 무엇일까요?

4) 오늘날 금속 화폐보다 종이 화폐를 더 많이 사용하는 이유는 무엇일까요?

조선의 자랑 도자기와 생활 용품

1 도자기의 이름과 사진을 바르게 연결해 보세요.

2 도자기의 변화 순서를 바르게 나열해 보세요.

3 조선 후기 사용한 생활 용품입니다. 알맞게 선으로 연결해 보세요.

머리에 술술! 역사 상식 2

서민 문화란 알 수 없는 쪽지를 받았습니다. 열쇠를 이용하여 편지 내용을 완성해 보세요.

쪽지

조선 시대의 ㅅㅁㅁㅎ에는 ㅍㅅㄹ, ㅌㄹㅇ, ㅎㄱㅅㅅㅁㅎ, ㅁㅅㅁㅎ 등이 있다.

이게 뭐지?

열쇠

1. 경제적으로 여유가 생긴 서민들이 문화와 예술에 관심을 가지면서 나타난 문화.

2. 노래와 설명, 몸짓으로 신분 상승에 대한 희망과 잘못된 사회 모습 비판.

3. 탈을 이용한 연극으로 지배층인 양반, 승려들에 대한 풍자, 서민 생활의 실상과 어려움을 나타냄.

4. 지은이를 알 수 없고, 글을 모르는 일반 서민들에게 돈을 받고 읽어 주는 사람(전기수)이 있어 인기가 많았음.

5. 서민들 사이에 유행한 그림으로 행복하게 살고 싶은 서민들의 소망을 표현함.

① 열쇠가 뜻하는 말은 각각 무엇인가요?

1   2   3

4   5

② 완성된 문장을 적어 보세요.

🌿 서민의 대표 문화 - 판소리와 한글 소설
아래의 설명에 해당하는 제목에 동그라미를 쳐 보세요.

허	가	수	궁	가	울	적
강	김	목	심	월	벽	일
춘	향	가	청	가	목	나
홍	우	말	가	마	창	호
지	길	장	화	홍	련	전
기	서	동	여	흥	부	가
호	금	토	전	장	미	파

판소리

1. '효'에 대한 내용을 담고 있으며, 슬픈 대목이 많아서 구슬프게 들려요.
2. '박타령'이라고도 불리며 놀부가 탄 박 속에서 나온 놀이패들이 놀부를 혼내는 장면은 권선징악을 담고 있어요.
3. 춘향과 이몽룡의 사랑 이야기로 지금까지 전해져요.
4. 용왕의 병을 고치기 위해 토끼의 간을 얻으려고 한 별주부와 꾀를 내어 자신을 지킨 토끼의 이야기예요.

한글소설

1. 서얼 차별 철폐, 탐관오리에 대한 응징, 새로운 국가 건설에 대한 열망이 담겨 있어요.
2. 배좌수의 두 딸 장화·홍련이 계모의 흉계로 억울하게 죽은 실제 이야기예요.

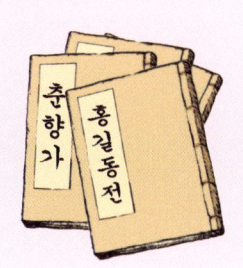

 ## 머리에 술술! 역사 상식 2

 흔들리는 신분 제도 조선 후기에 있었던 양반 되는 방법입니다. 바르게 연결하고 아래 질문에 답해 보세요.

납속책	호적 위조	공명첩	족보 매매 및 위조
지방 관아의 아전에게 뇌물을 주고 호적의 신분을 고침.	헌납하는 액수에 따라 다양한 보상을 해 주는 제도.	유력한 가문의 족보를 사서 거기에 자신의 이름을 써 넣는 방법.	일정 금액을 국가에 헌납한 후에 명예 관직을 받음.

합법적으로 양반이 되는 방법

불법적으로 양반이 되는 방법

○ 많은 서민들이 양반이 되고자 한 이유는 무엇일까요?

○ 서민의 수가 줄어들고 양반의 수가 늘어나면 어떤 문제점이 생길까요?

3차시

 실학자들의 활동 실학자들이 활동한 내용입니다. 아래 [보기]를 읽고 활동에 맞는 실학자의 이름을 적어 보세요.

보기 신경준 정약전 김정호 유득공 유희 유형원 박제가 박지원

발해 역사에 관심이 많았다.
『발해고』를 썼다.
『발해고』는 발해가 고구려 후손들이 세운 나라임을 밝힌 책이다.

우리나라 산의 계보를 체계적으로 정리하였으며 산줄기에 이름을 붙였다.
『산경표』는 '산줄기의 흐름을 나타낸 표'라는 뜻이다.

『언문지』를 통해 한글의 우수성을 강조하였다.
『언문지』는 한자 음이 아니라 우리말을 중심으로 한글을 연구한 책이다.

우리 것에 대한 연구

서구 문물의 영향으로 크게 발달한 청나라의 문화를 본받아야 한다고 주장한 북학파의 한 사람이다. 청나라 여행기인 『열하일기』와 『연암집』 등을 썼다.

유배 생활을 하는 동안 흑산도 주변의 바다 생물들을 관찰하여 『자산어보』를 썼다. 이 책은 뛰어난 해양 과학 서적이다.

대동여지도를 제작하였다. 전국의 산줄기와 물길을 자세히 나타내었고 기호를 사용하여 다양한 정보를 알기 쉽게 표현하였다.

4. 변화하는 조선 사회 | 25

머리에 쏙쏙! 역사 상식 2

🌿 **서학의 전래와 동학 창시** 동학과 서학에 대한 설명들입니다. 알맞게 연결하고 물음에 답해 보세요.

서양의 과학 기술과 종교(천주교)를 연구한 학문.	인내천 사상. 후천 개벽 사상.
창시자는 최제우.	서학의 장점 + 민간 신앙, 유교, 불교.
서학(천주교)에 맞선다는 의미에서 창시함.	유교 예법에 어긋남.
정조 때 이승훈이 베이징에서 영세를 받고 옴.	조상의 제사를 지내지 않는 사람이 생겨남.
천주교 교리 책인 『천주실의』 연구.	30년 뒤 동학 농민 운동으로 이어짐.

① 서학(천주교)을 법으로 금지한 이유는 무엇일까요?

② 서학(천주교)과 동학의 차이점은 무엇인가요?

③ 천주교와 동학이 백성들에게 널리 퍼진 이유는 무엇인가요?

TIP **인내천** 사람이 곧 하늘. **후천개벽** 이 세상이 망하고 새로운 세상이 열린다.

🌿 **농민 봉기 - 지도읽기** 지도를 보고 빈칸에 알맞은 단어를 [보기]에서 찾아 쓰고 물음에 답해 보세요.

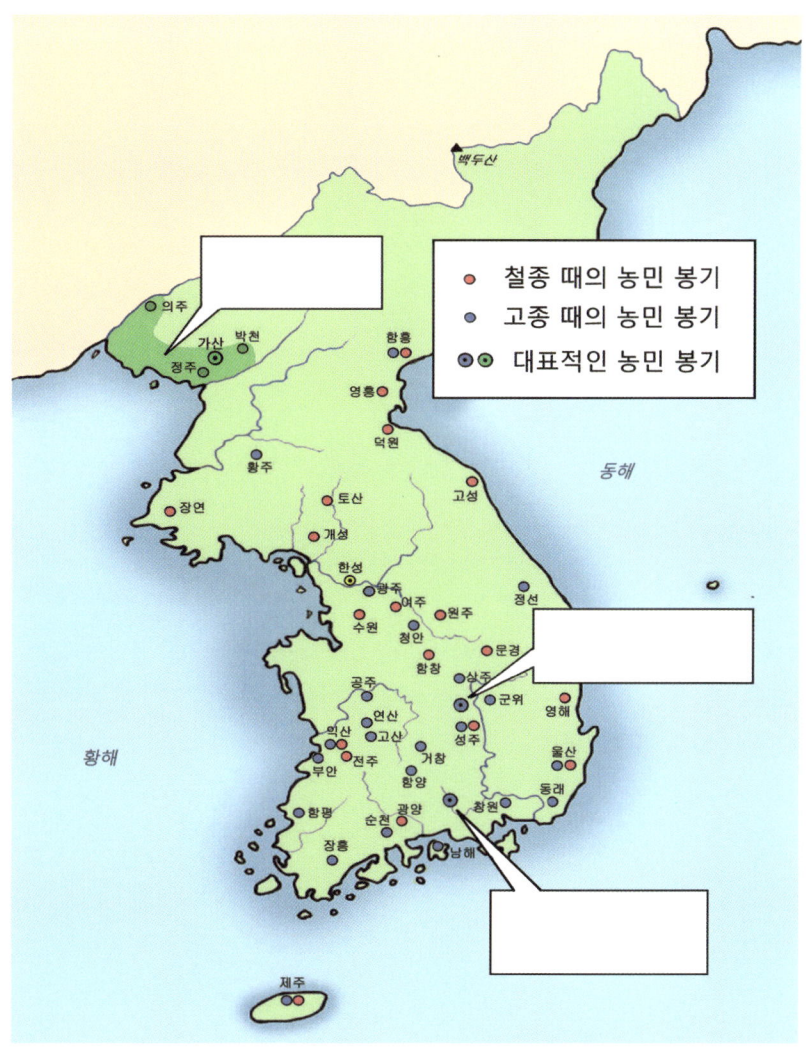

| 보기 | 홍경래의 난 | 진주 농민 봉기 (임술 농민 봉기) | 개령 농민 봉기 |

① 가장 먼저 일어난 농민 봉기는 무엇인가요?

② 진주에서 시작된 농민 봉기가 전국으로 확대된 까닭은 무엇일까요?

# 머리에 술술! 역사 상식 2

 삼정의 문란과 세도 정치의 결과 다음 글을 읽고 물음에 답해 보세요.

삼정의 문란

조선 시대 국가 재정의 3대 요소는 전정(토지세), 군정(군에 가는 대신 내는 세금), 환정(환곡 : 봄철에 식량을 빌려 생활하다 추수한 다음에 이자를 붙여 돌려주는 것)입니다. 이것이 삼정이지요. 그런데 탐관오리들은 세금을 부과할 수 없는 토지에 대해서도 세금을 내라고 했어요. 군포를 유아나 사망자에게도 부과하고, 사망자의 친족에게도 부과했지요. 환정은 고리대(높은 이자를 쳐서 갚는 일)로 변하였습니다. 이런 일은 특히 남쪽 지방이 심했어요. 그래서 농민들은 난을 일으켰습니다.

세도 정치

정조가 세손(世孫 : 왕위를 이을 임금의 손자)으로 있을 때 홍국영은 그를 보호하여 무사히 왕위에 오르게 했습니다. 당연히 막강한 권한을 가지게 되었지요. 이것이 세도 정치의 시작입니다. 홍국영이 추방되고 정조 다음으로 순조가 12세의 나이로 즉위하자 왕비의 외가인 안동김씨가 중앙의 요직을 모두 독점하였습니다. 본격적인 세도 정치가 시작된 것이지요.

그 뒤에는 풍양조씨가 권력을 잡았어요. 임금님도 이들에게 눌려 지냈답니다. 그러다 다시 안동김씨가 권력을 잡았어요. 시골 출신 선비에 대한 차별도 심했습니다. 평안도 출신들에게는 더욱 어려운 일이었지요. 세도 정치는 예나 지금이나 타도의 대상입니다.

○ 삼정이란 무엇 무엇을 말하나요?

___

○ 삼정이 문란해지면 어떻게 될까요?

___

○ 세도 정치는 백성들의 삶에 어떤 영향을 주었을까요?

___

① 조선 후기의 난입니다. 홍경래의 난과 관련된 내용에는 '홍', 진주 농민 봉기와 관련된 내용에는 '진'으로 표시하세요.

1) 평안도에서 커다란 농민 봉기가 일어났다.

2) 토지세, 군포, 환곡이라는 '삼정'이 원인이다.

3) '세도 정치 타도'라는 뚜렷한 정치적 목표를 갖고 있었다.

4) 삼정의 문제점을 고치기 위해 '삼정 이정청'이라는 기관을 설치했다.

5) 정주성에서 농민과 함께 100여 일간 싸웠으나 결국 함락되었다.

6) 조세 제도를 고치겠다고 약속하였으나 지키지 않았다.

② 아래 내용을 근거로 한다면 농민들이 봉기한 까닭은 무엇이라고 할 수 있나요?

당시 농민들의 세금과 삶

재미가 솔솔! 역사 속으로

🌿 **대동여지도** 지도와 그림을 보고 물음에 답해 보세요.

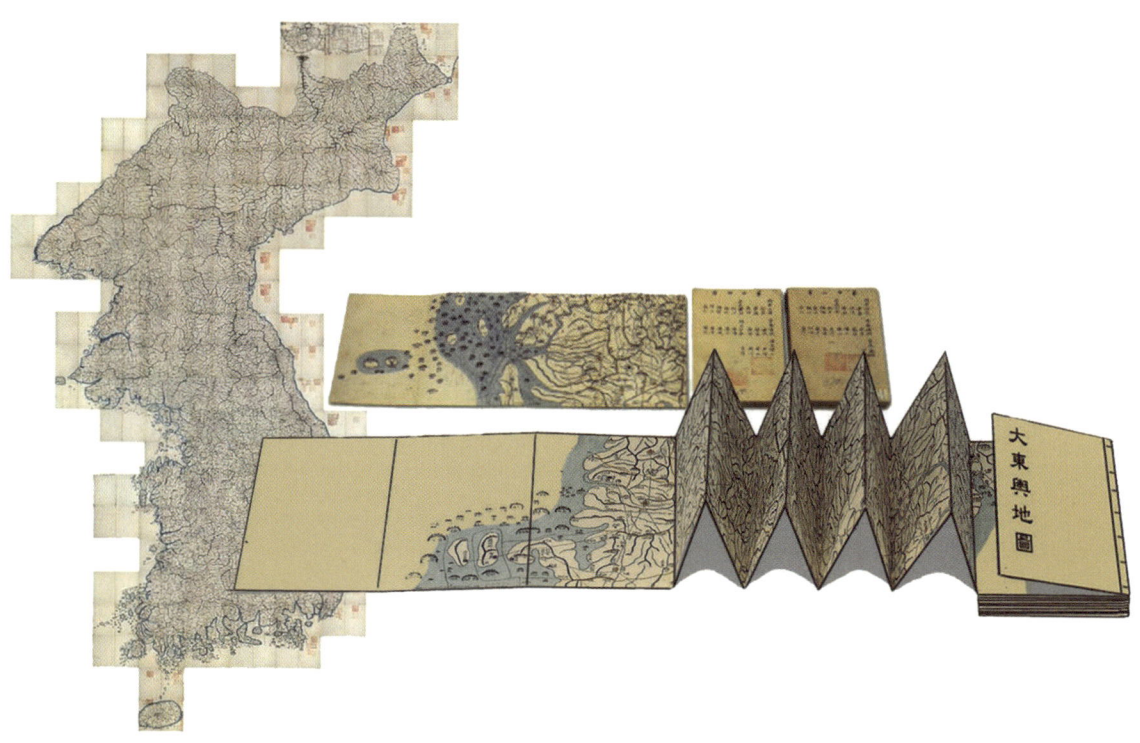

① 김정호가 대동여지도를 목판으로 만든 이유는 무엇일까요?

② 김정호는 대동여지도를 어떻게 만들었을까요?

③ 대동여지도를 만들고 나서 가장 걱정했던 것은 무엇이었을까요?

붕당 정치 만화를 읽고 물음에 답해 보세요.

① 붕당 정치의 좋은 점은 무엇인가요?

② 붕당 정치의 나쁜 점은 무엇인가요?

# 재미가 솔솔! 역사 속으로

 일본으로 간 안용복 아래의 글을 읽고 물음에 답해 보세요.

> 안용복은 동래 수군이었어요. 그는 1693년 동래 어민들과 울릉도에서 고기잡이를 하다가 일본인에게 붙들려갔습니다. 안용복은 일본에 가서 울릉도가 우리 영토임을 주장하고 돌아왔습니다.
>
> 안용복은 1696년에도 10여 명의 어부와 울릉도에서 고기를 잡을 때 일본 어선을 발견하고는 울릉도와 독도의 감세관이라고 말하고, 일본 오키 주에 가서 태수의 사과를 받고 돌아왔어요. 그는 울릉도와 독도를 몸으로 지키는 데 크게 공헌하였습니다.
>
> 안용복 사건을 계기로 조선 정부는 일본 막부와 울릉도가 조선의 영토임을 분명히 하고 울릉도 경영에 나섰습니다. 울릉도 지도가 활발하게 제작된 것도 이 무렵입니다.
>
> 실학자 이익은 "안용복은 영웅이다. 일개 병사로서 나라를 위해 강한 적에 대항했고 한 고을의 땅을 되찾았으니 걸출한 자이다."라고 칭송했습니다.

① 여러분이 기자라고 생각하고 안용복에게 질문하고 질문에 답해 보세요.

질문

답

② 독도가 자기네 땅이라고 이야기하는 일본인에게 해 주고 싶은 말을 적어 보세요.

4차시

 ### 전하, 저의 소원을 들어주소서!

<환어 행렬도>

정조는 장용영* 군사들을 앞세우고 사도세자(정조의 아버지)의 능에 자주 들렀단다. 능으로 가는 길에 정조는 백성들의 목소리를 직접 듣고, 소원을 들어주기도 하였단다.

선생님, 능행을 위해서 한강에 '주교'를 설치했다는데 그것이 무엇인가요?

'주교(舟橋)'는 ( )를 연결하여 임시로 만든 다리란다.

잠깐 상식 •• 장용영

임금을 호위하는 군인으로서 금위 또는 금군이라고도 함.

○ 정조의 화성 행차 당시에 백성들은 정조 대왕께 어떤 소원을 말했을까요?

| 소원 | |
| 이유 | |

4. 변화하는 조선 사회 | 33

 ## 재미가 솔솔! 역사 속으로

🌿 **정조의 꿈 수원 화성** 빈칸에 알맞은 말을 써 넣으면서 수원 화성에 대하여 알아봅시다.

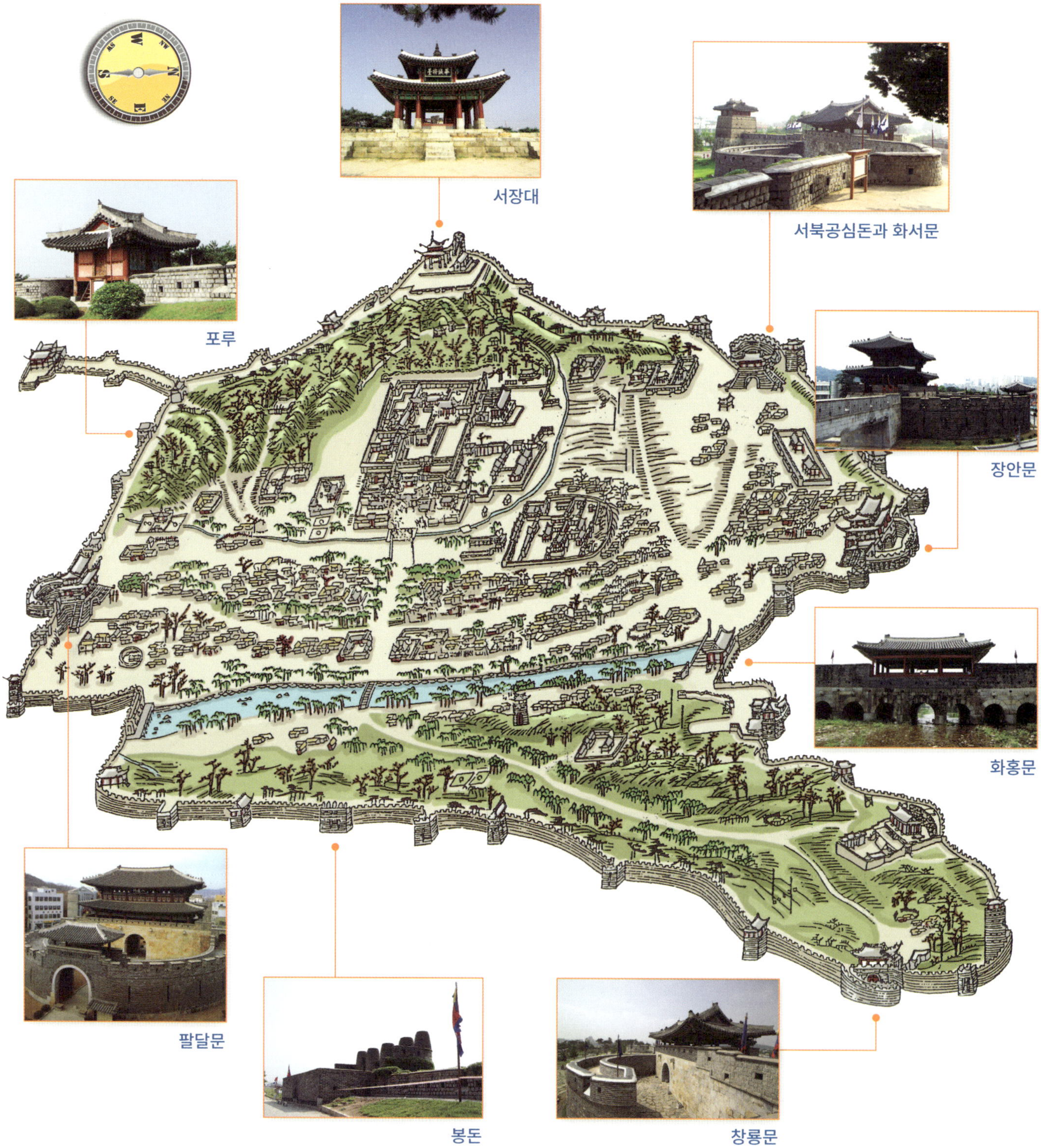

- 서장대
- 서북공심돈과 화서문
- 포루
- 장안문
- 화홍문
- 팔달문
- 봉돈
- 창룡문

4차시

화성은 1997년 유네스코로부터 (①)로/으로 지정되었단다.

화성의 사대문은 (②), (③), (④), (⑤)이지요?

① _____
② _____
③ _____
④ _____
⑤ _____

⑥ _____
⑦ _____
⑧ _____
⑨ _____
⑩ _____

아주 잘 알고 있구나. 성곽의 축조에는 (⑥), (⑦)을/를 함께 사용했어.

건설 과정을 자세히 기록한 (⑩)이/가 있어 오늘날 화성을 완벽하게 복원할 수 있었다던데 정말 대단해요.

또한 재료를 규격화하여 (⑧), (⑨) 등의 기계 장치를 활용하였단다.

화성 건축에 사용된 과학 기술

움직도르래를 이용하여 작은 힘으로 무거운 물체를 올리는 장치이다.

고정도르래를 이용하여 물건을 높은 곳으로 옮기는 장치로서 오늘날의 크레인과 비슷하다.

4. 변화하는 조선 사회

 ## 재미가 솔솔! 역사 속으로

🌿 **농촌의 변화 - 모내기법** 모내기법(이앙법)에 대해 생각해 봅시다.

① 모내기법의 장점은 무엇인가요?

_____

② 모내기법의 단점을 조상님들은 어떻게 해결하였습니까?

| 물 | _____ |
| 영양분 고갈 | _____ |

③ 마지막 농부의 고민을 조상님들은 어떻게 해결했을까요?

_____

새로운 문물 다음 그림을 보고 물음에 답해 보세요.

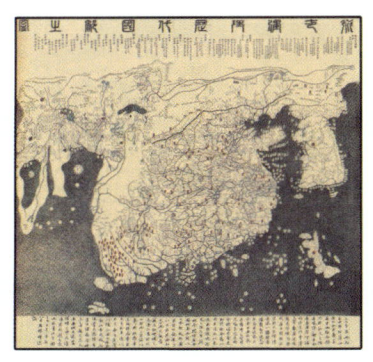
혼일강리역대국도지도

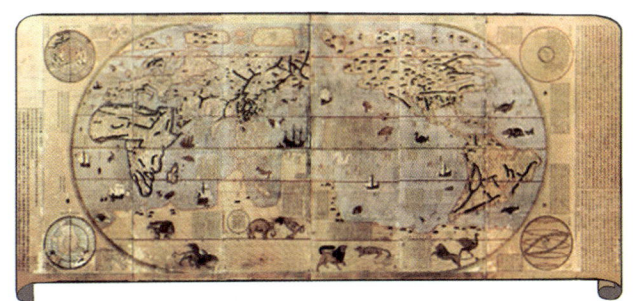
곤여 만국 전도

천리경

자명종

① 새로운 문물과 관련된 사상은 무엇인가요?

② 새로운 문물은 어떤 과정을 통해 조선으로 들어왔을까요?

③ 새로운 문물이 조선 사회에게 준 영향은 무엇일까요?

# 재미가 솔솔! 역사 속으로

무슨 생각을 할지 상상해 보아요! 등장인물들은 각각 어떤 생각을 하고 있을까요? 그 시대 사람이 되어 말 주머니를 채워 보세요.

○ 위 그림에서 알 수 있는 조선 시대의 서당 모습을 써 보세요.

실학자의 꿈 다음 만화를 읽고 물음에 답해 봅시다.

① 실학의 등장 배경은 무엇인가요?

② 실학자들의 다양한 주장입니다. [보기]에서 알맞은 단어를 찾아 써 보세요.

1) 농민들이 잘살 수 있도록 _____ 을/를 바로잡고, 과학적인 농사 기술을 보급해야 합니다.
2) 나라가 발전하려면 _____ 을/를 발전시켜야 합니다.
3) 관리들은 백성을 위한 _____ 을/를 해야 합니다.
4) 우리 것에 대한 _____ 에 힘써야 합니다.
5) _____ 을/를 받아들여야 합니다.

보기   ① 선진 문물   ② 바른 정치   ③ 토지 제도   ④ 상공업   ⑤ 연구   ⑥ 농업

 생각이 쑥쑥! 나도 역사가

 탕평비가 필요해요! 빈칸에 알맞은 말을 쓰고 물음에 답해 보세요.

임진왜란 이전에는 사대부들을 중심으로 하는 _____(士林派)와 재산을 가지고 있던 _____(勳舊派)가 권력을 잡기 위해 피비린내 나게 싸웠습니다(사대 사화). 그런데 선조 이후에는 동인·서인·남인·북인(궁궐을 중심으로 사람들이 살던 방향으로 이름을 지었음.) 등이 권력을 잡았지요. 이들은 권력을 이용하여 상대방 사람들을 모함하여 죽이기를 일삼았습니다. 숙종 이후 송시열, 김창집 등 많은 사람이 죽었어요. 이들은 백성을 돌보기보다 자신들의 이익이나 권력을 위한 싸움에 치중했습니다. 이런 행위를 _____ 또는 당파 싸움이라고 합니다.

이러한 당쟁을 몸소 체험한 후 왕위에 오른 임금이 영조였어요. 영조는 당쟁을 완화시키고 각 파벌을 고려한 공평한 _____에 힘쓰겠다고 생각했지요. 그래서 나온 정책이 이른바 '_____(蕩平策)'입니다. 그러나 완전히 당파 싸움을 근절하지는 못했어요. 사도 세자가 죽은 사건도 당파 싸움 때문이라고 할 수 있고 천주교 신자들을 죽인 사건도 당쟁의 변형이라고 할 수 있기 때문이지요. 그래서 조선 중·후기의 붕당 정치는 중요합니다.

周而弗比 乃君子之公心
比而弗周 寒小人之私意

○ 탕평비에 대하여 알아봅시다.

1) 탕평비란 무엇인가요?

2) 영조가 탕평비를 만들게 된 원인은 무엇이었나요?

3) 영조가 신하에게 바라는 점은 무엇이었을까요?

왕을 위한 그림 '풍속화' 풍속화는 일반 백성들이 아니라 왕이 보기 위한 그림이었습니다. 다음 물음에 답해 봅시다.

〈씨름〉

〈미인도〉

〈대장간〉

1. 조선 후기 풍속화로 유명한 화가는 누가 있을까요?

2. 화가들은 누구를 위해 백성들의 생활 모습을 그린 것인가요?

3. 풍속화는 요즘 시대의 무엇과 비슷한가요?

4. 왕이 화원들에게 풍속화를 그려오게 한 까닭은 무엇이었을까요?

5. 오늘날의 모습 중 풍속화로 그리고 싶은 내용은 무엇인가요?

생각이 쑥쑥! 나도 역사가

민화의 의미 민화의 소재들은 각각 다른 의미를 갖고 있어요. 괄호 안에 알맞은 단어를 써 보세요.

작호도	화조도	백수백복도	문자도
좋은 소식을 전해 주는 (　　)와 나쁜 귀신을 쫓아내는 (　　)의 모습.	한 쌍의 새는 (　　)를 의미하며, 화목한 (　　)가 되고 싶은 바람이 있음.	壽(목숨 수)와 福(복 복)자에는 (　　)하게 오래 살고 싶은 바람이 있음.	한자를 변형한 그림으로 [효(　　)]에 대한 이야기를 담고 있음.

○ 민화에 사용된 그림입니다. 알맞은 의미와 연결해 보세요.

- 무병장수
- 평화, 풍요
- 왕을 상징
- 절개
- 벼슬자리, 관직, 액 막음
- 오래오래 사는 것
- 다산, 평화, 자유
- 부귀
- 여러 가지 재앙을 막아줌

조선 후기 여성들의 삶 조선 후기 여성의 생활 모습입니다. 맞으면 ○, 틀리면 ✕ 하세요.

- ◯ 이전에 비하여 여성의 사회적 지위는 더욱 낮아졌다.
- ◯ 재혼할 수 있었다.
- ◯ 재산을 상속받을 때도 차별을 받았다.
- ◯ 바느질이나 요리와 같은 집안일에만 전념해야 했다.
- ◯ 글공부를 하여 과거 시험을 볼 수 있었다.

○ 조선 후기 여성들의 차별을 생각하며 아래의 여성 중 한 명에게 편지를 써 보세요.

거상 김만덕	허난설헌

가난하게 태어나 장사로 큰 재산을 모았다. 태풍 피해로 자신이 살던 제주도의 백성이 굶주리자 모든 재산을 백성을 위해 사용했다. 그래서 정조 임금께 상을 받았다.	어려서부터 글솜씨가 뛰어났으나 조선 사람들은 여자의 재능을 높이 평가하지 않았다. 그녀의 시가 조선에서는 인정받지 못했지만 중국과 일본에서는 높은 평가를 받았다.

님에게...

가 올림...

생각이 쑥쑥! 나도 역사가

 백성들이 부유해지려면 조선 후기 두 실학자의 주장을 잘 읽고 토론해 보세요.

유형원 | 토지 개혁
부자는 땅이 한없이 넓고 가난한 사람은 송곳 하나 꽂을 땅이 없다. 부자는 더욱 부자가 되고 가난한 자는 더욱 가난해진다. 일부의 사람들이 토지를 독차지한 반면에, 백성들은 가족을 이끌고 떠돌다가 끝내 머슴이 될 수밖에 없다. 따라서 나라 안의 모든 토지는 일단 나라가 소유한 다음, 다시 농민들에게 골고루 나눠 주어야 한다.

박제가 | 상공업 발달
재물은 샘과 같다. 퍼서 쓰면 차고, 버려두면 말라 버린다. 이와 마찬가지로 비단옷을 입지 않으면 비단 짜는 사람이 없어지고, 쭈그러진 그릇을 그냥 사용하면서 좋은 그릇을 찾지 않으면 기술이 없어지게 된다. 결국 농업도 쇠퇴하고 양반, 농민, 수공업자, 상인 모두가 가난해진다.

1 두 실학자의 주장은 무엇인가요?

유형원 ....

박제가 ....

2 두 실학자의 의견 중 누구의 의견이 먼저 실행되어야 할까요?

....

3 그렇게 생각한 이유는 무엇인지 적어 보세요.

....

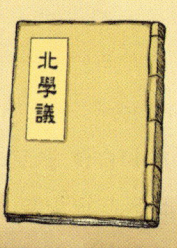

4 비슷한 주장을 한 실학자에는 누가 더 있을까요?

유형원 ....

박제가 ....

노비종모법 만화를 읽고 물음에 답해 보세요.

① 노비종모법을 만든 이유는 무엇인가요?

② 노비종모법의 나쁜 점은 무엇인가요?

 ## 생각이 쑥쑥! 나도 역사가

 규장각 만화를 읽고 물음에 답해 보세요.

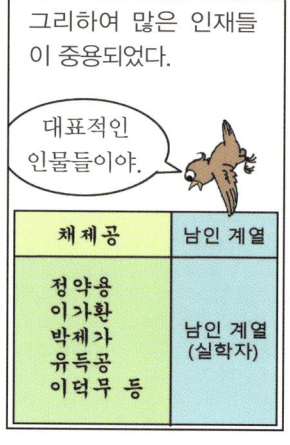

* 시파 : 정조의 정책을 지지하는 정치인.   * 벽파 : 정조의 반대편에 선 노론(老論) 계열의 정치인

① 규장각의 기능과 중요성을 이야기해 보세요.

....

....

....

....

....

정조의 인재 등용 다음 글을 읽고 질문에 답해 보세요.

정조 시절, 청나라의 문물을 배워야 한다고 주장한 북학파가 탄생했다. 『북학의』를 쓴 박제가를 따르는 사람들이 북학파이다. 『북학의』는 박제가가 청나라의 풍속과 제도를 견문하고 돌아와서 쓴 책이다. 『발해고』를 쓴 유득공, 『청장관전서』를 쓴 이덕무, 우리의 전통 무술 동작과 군사 관계를 담은 『무예도보통지』를 쓴 백동수 등이 북학파로 분류되었다. 이들의 전부 서자였기 때문에 다른 양반들로부터 차별 대우를 받던 사람들이다. 그러나 정조는 이들을 발탁하여 국가의 중요 인물들로 등용했다.

① 정조의 인재 등용에서 우리가 알 수 있는 사실은 무엇인가요?

② 위 책들 가운데 세계 기록 문화유산에 등재된 책은 무엇인가요?

 생각이 쑥쑥! 나도 역사가

 새로운 사상 다음을 보고 질문에 답해 보세요.

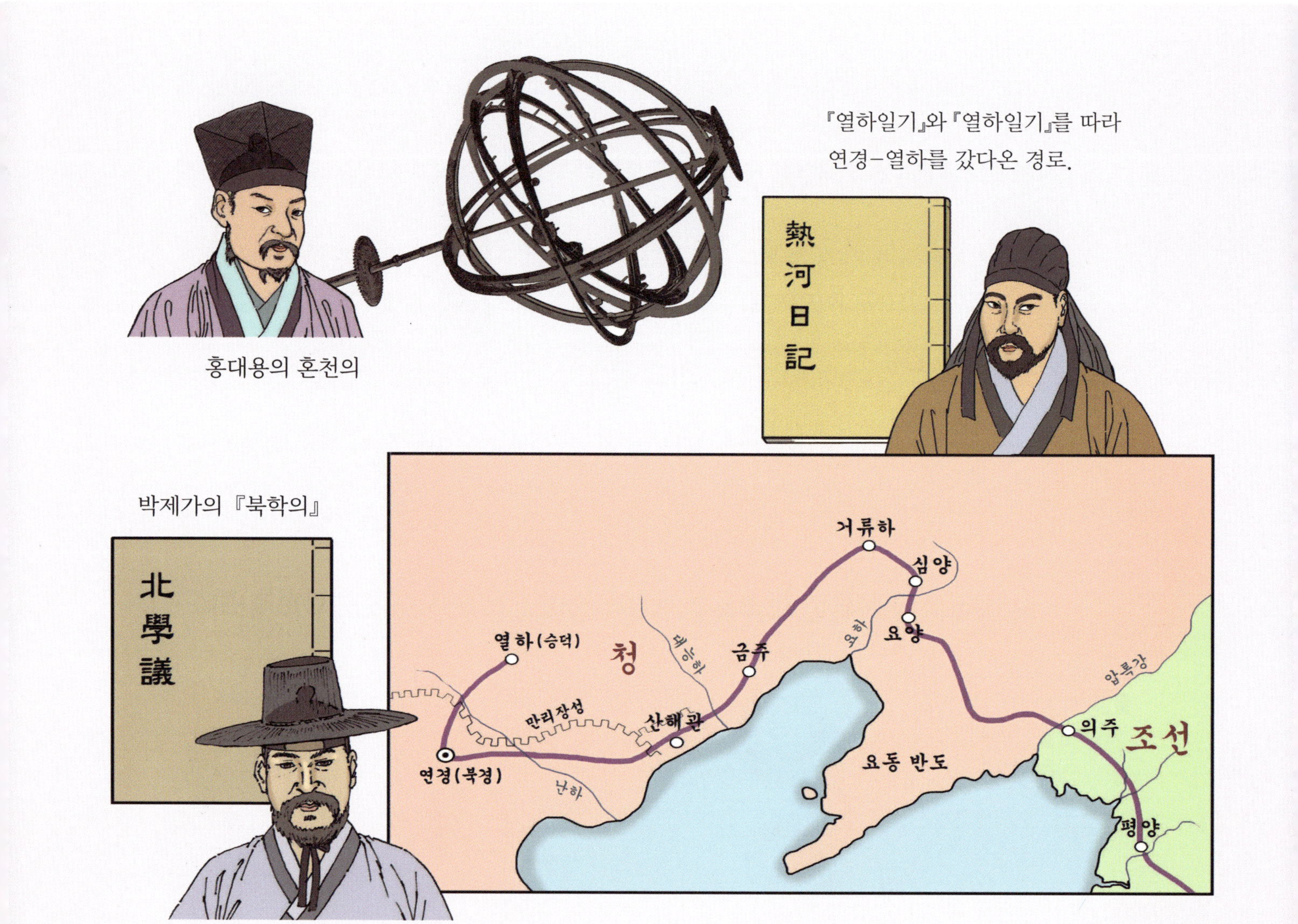

홍대용의 혼천의

『열하일기』와 『열하일기』를 따라 연경-열하를 갔다온 경로.

박제가의 『북학의』

① 위 세 사람의 공통점은 무엇인가요?

② 이들은 새로운 문물을 보고 어떤 생각을 했을까요?

빙고 놀이를 해 보아요. 조선 후기의 대표적인 실학자들과 책 이름으로 빙고 놀이를 해 보세요.

> **TIP** 게임방법
> ① 대표적인 실학자와 책 이름을 아래의 표에서 참고하여 빙고판 한 칸에 하나씩 씁니다.
> ② 빙고판이 완성되면 한 사람을 지적하여 자기가 작성한 종이 속에 적힌 낱말을 말합니다.
> ③ 친구가 말한 낱말에 색을 칠합니다.
> ④ 가로나 세로 또는 대각선으로 세 칸을 이으면 '빙고'라고 외칩니다.

실학자

유형원	박지원
유득공	신경준
유 희	정약전
정약용	김정호
이 익	박제가
이중환	홍대용

책

반계수록	허생전
성호사설	목민심서
경세유표	택리지
산경표	발해고
언문지	자산어보
대동여지도	열하일기

실학자 빙고판

책이름 빙고판

마음에 꼭꼭! 되돌아보기

🌿 **변화하는 조선 사회 마인드맵 그리기** "변화하는 조선 사회"에 대해서 배웠습니다. 지금까지 익혔던 내용을 생각하면서 마인드맵을 그려 보세요.

역사적인 인물 다음의 인물들 가운데 가장 닮고 싶거나 자랑하고 싶은 인물을 고르고 그 이유를 간단하게 써 보세요.

정조　　　김정호　　　안용복　　　김홍도

정약용　　　김만덕　　　홍경래

가장 닮고 싶거나 자랑하고 싶은 인물

이 유

4. 변화하는 조선 사회 | 51

마음에 꼭꼭! 되돌아보기

 역사적인 사건 다음의 사건들 가운데 가장 인상적이거나 의미 있는 사건을 선택하고 그 이유를 간단하게 써 보세요.

화성 완공   탕평책 실시   홍경래의 난

서학 전래   동학 창시   실학 태동   대동여지도 제작

가장 인상적이거나 의미 있는 사건

이 유

역사 탐방 안내 역사 탐방 안내 자료를 참고하여 조선 시대의 유적지 및 문화재를 직접 탐방해 보세요.

장소	탐방내용	참고 사이트
국립 중앙 박물관 탐방	1층 조선 시대관 조선 시대 유물, 유적, 사진, 그림 등이 전시되어 있음.	www.museum.go.kr
조선 시대 궁궐 탐방	국립 고궁 박물관 (서울 종로구 효자로). 경복궁 (서울 종로구 세종로). 창경궁 (서울 종로구 창경궁로). 창덕궁 (서울 종로구 율곡로). 덕수궁 (서울 중구 세종대로).	www.gogung.go.kr www.royalpalace.go.kr http://cgg.cha.go.kr www.cdg.go.kr www.deoksugung.go.kr
종묘	조선 시대 역대 왕과 왕비의 신주를 모신 유교 사당. 종묘 (서울 종로구 종로). 정전, 영녕전, 공신당 등.	http://jm.cha.go.kr
세종 대왕 이순신	세종 대왕 기념관 (서울 동대문구 청량리) 충남 아산 현충사 - 충무공 이순신 기념관.	www.hcs.go.kr
수원 화성	수원 화성, 화성 행궁, 국궁 체험, 다양한 민속놀이 체험.	www.swcf.or.kr
국립 민속 박물관	상설 전시 - 2전시실 조선 시대 시장의 모습과 유물, 계절에 따른 농사일과 음식, 생활 모습 등.	www.nfm.go.kr
전쟁 기념관	1층 전쟁 역사실 임진왜란, 병자호란 등 대외 항쟁사의 흐름과 병기의 종류와 성능, 다양성 및 군사와 관련된 유물들을 체계적으로 보여 줌.	www.warmemo.or.kr
전남 강진-해남 다산 유적	강진 - 다산 초당, 백련사, 정약용의 유배 장소인 사의재터 해남 - 대흥사, 일지암, 윤선도고택-녹우당	www.edasan.org

역사 낱말 풀이!

결(結) 논밭 넓이의 단위. 세금을 계산할 때 썼는데, 그 넓이는 시대에 따라 다르다.

공명첩 성명을 적지 않은 백지 임명장.

공물(貢物) 중앙 관서와 궁중의 수요를 충당하기 위하여 받은 지방의 특산물. 전통적인 세금 제도인 조(租 : 수확한 곡식에 대한 세금)·용(庸 : 부역을 대신해 내는 베나 무명)·조(調 : 지방 특산물을 나라에 올리는 것) 가운데 조(調)에 해당한다.

관아 벼슬아치들이 모여서 나랏일을 처리하는 곳.

군포 조선 시대에 병역을 면제하여 주는 대신 국가에 내는 베.

권선징악 선을 권하고 악을 나무람.

규격화 제품의 품질, 모양, 크기, 성능 등을 일정한 표준이나 격식에 맞게 함.

규장각 조선 정조 즉위년(1776)에 설치한 왕실 도서관.

균역법 영조 26년(1750)에 군포를 두 필에서 한 필로 줄인 정책. 부족한 액수는 어업세·염세(소금세)·선박(배)세·결작(논밭의 소유자에게 부과한 부가세)을 징수하여 보충함.

난전 조선 시대에 나라에서 허가한 시전(市廛)이 아니라 허가받지 않은 불법적인 가게.

납속책(納粟策) 나라에 곡식을 바치는 백성에게 벼슬을 주거나 신분을 상승시켜 주는 정책.

뇌물 사람을 매수하여 사사로운 일에 이용하기 위하여 넌지시 건네는 부정한 돈이나 물건.

능행 임금이 능에 가는 것.

당파 주장과 이해를 같이하는 사람들이 뭉쳐 이룬 단체나 모임. (비슷한 말 : 파당, 파벌, 붕당) 조선 시대에 정치 세력 결집 단체였던 붕당(朋黨) 안에서 정치적인 입장에 따라 다시 나뉜 파벌.

대동법 공물(貢物)을 쌀로 통일하여 바치게 한 납세 제도.

동학 탐관오리의 수탈과 외세의 침입에 저항하여 최제우가 창시한 민족 종교. 인내천 사상을 기본 교리로 삼았으나 1894년 동학 농민 운동 이후에 정부의 탄압을 받아서 제3대 교주 손병희 때 천도교로 이름을 바꾸었다.

두(말) 곡식, 액체, 가루 따위의 부피를 잴 때 쓴다. 한 말은 한 되의 열 배로 약 18리터에 해당한다.

무병장수 병 없이 건강하게 오래 살다.

문양 무늬의 생김새.

민간 신앙 민간에서 예로부터 전하여 내려오는 신앙.

베 삼실, 무명실, 명주실 따위로 짠 옷감.

봉기 벌 떼처럼 떼 지어 세차게 일어남.(사례 : 살기가 어려워 농민들이 봉기했다.)

분청사기 청자에 백토로 분을 발라 다시 구워 낸 것으로, 회청색 또는 회황색을 띰.

사사롭다 개인적인 일과 관련이 된다.

삼심제 한 사건에 대하여 세 번 심판을 받을 수 있는 제도.

역사 낱말 풀이!

삼정 나라의 정사 가운데 가장 중요한 전정, 군정, 환곡의 세 가지.

서얼 양반의 자손 가운데 첩의 자식을 이르는 말.

서학 조선 시대에 '천주교'를 이르던 말.

세도 정치 왕실의 근친이나 신하가 강력한 권력을 잡고 마음대로 하는 정치. 순조·헌종·철종 임금 시기의 안동 김씨, 풍양 조씨의 세도 정치가 유명하다.

소인배(小人輩) 마음 씀씀이가 좁고 간사한 사람.

시전 종로를 중심으로 설치된 상설 시장.

실학 실생활에 도움이 되는 실용적인 학문.

십장생(十長生) 오래도록 살고 죽지 않는다는 열 가지. 해, 산, 물, 돌, 구름, 소나무, 불로초, 거북, 학, 사슴이다.

아전 중앙과 지방 관아의 벼슬아치 밑에서 일을 보는 사람.

왕권 임금이 지닌 권력이나 권리.

유배 죄인을 귀양 보냄.(사례 : 정약용은 유배지에서 책을 많이 썼다.)

인내천 사람이 곧 한울(하늘)이라는 동학(천도교)의 기본 사상.

장용영 임금을 호위하는 군인으로서 금위 또는 금군이라고도 함.

재혼 다시 결혼함.

주교(舟橋) 배다리

직파법 모내기를 아니하고 논밭에 직접 씨를 뿌리는 방법.

창시자 어떤 사상이나 학설 따위를 처음으로 시작하거나 내세운 사람.

천주교 가톨릭, 기독교의 구교. 우리나라에서의 기독교는 개신교를 뜻하기도 함.

철폐 전에 있던 제도나 규칙 따위를 걷어치워서 없앰.

청화백자 흰 바탕에 푸른 물감으로 그림을 그린 자기.

탐관오리 탐욕스러운 관리와 부정을 저지르는 관리, 백성들의 재물을 마구 빼앗고 부정한 짓을 저지르는 벼슬아치를 말한다.

탕평책 영조가 당쟁의 폐단을 없애기 위하여 각 당파에서 고르게 인재를 등용하던 정책.

편당 한 당파에 치우침.

필 일정한 길이로 말아 놓은 옷감을 세는 단위[가로 석자(0.95m), 세로 40자(12.9m) 정도].

함락 적의 성, 요새, 진지 따위를 공격하여 무너뜨림.

행궁 왕이 수도를 떠나 다른 지방으로 행차했을 때 머무는 궁궐.

홍패(紅牌) 과거 시험에 급제한 사람에게 주었던 증서.

환곡 조선 시대에, 곡식을 사창(社倉)에 저장하였다가 백성들에게 봄에 꾸어 주고 가을에 이자를 붙여 거두던 일.

후천개벽 새로운 세상이 창조되어 진화한다는 동학의 사상.

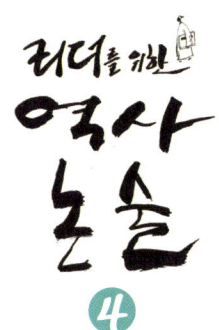

2024년 1월 3일 증보개정판 2쇄 펴냄

지은이 강종범 · 이은혜 · 조승덕
그린이 우덕환
사진 서찬석 · 국립중앙박물관 · 문화재청
디자인 김현일
마케팅 김태준 · 김경옥
펴낸이 박우현
펴낸곳 로직아이
등록 제 307-2011-58호
주소 서울시 마포구 잔다리로 120 303호
전화 (02)747-1577
팩스 (02)747-1599
인쇄 신우인쇄

ⓒ㈜로직아이

※ 글과 사진의 무단 복제와 전제를 금합니다.
※ 잘못된 책은 바꿔 드립니다.

ISBN 978-89-94443-82-9

학부모와 선생님을 위한 역사논술

모범답안 + 길라잡이

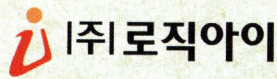

4 변화하는 조선 사회

[길라잡이]

사진 설명

소재 : 경기도 수원시 장안구 연무동
내용 : 사적 제 3호
화성은 1997년 유네스코로부터 "동서양을 망라하여 고도로 발달된 과학적 특징을 지닌 근대 초기 건축물의 뛰어난 모범이다."라는 평가를 받아 세계 문화유산에 등재되었다.

[길라잡이]

*4단원 전체 설명

　임진왜란과 병자호란 이후의 조선 시대 사람들은 많은 변화를 겪었다. 숙종 4년(1678년)에 상평통보를 발행했다.
　세금 제도에도 큰 변화가 생겼다. 1608년 광해군 즉위와 함께 경기도에서 처음으로 실시했던 대동법은 100년 만에 전국적으로 실시함으로써 백성들의 삶에 큰 도움을 주었다.
　영조가 1725년 탕평책을 실시했고, 정조는 1776년 즉위와 동시에 규장각을 설치했다.
　사회적으로는 정조가 실학자들과 서민들 사이에 널리 퍼져 나가던 서학(천주교)을 금지(1786년)시켰고, 1801년(순조 1)에는 신유박해(辛酉迫害)가 일어나 많은 신도들이 죽었다. 최제우는 서학에 대항하여 우리 것을 지키기 위해 동학을 창시(1860년)하여 고단한 삶을 살았던 많은 백성들에게 힘이 되었다.
　실학자들은 다양한 업적을 이루었지만 부패한 세도 정치로 인해 백성들은 고통을 겪었다. 이에 백성들은 홍경래의 난(1811년)과 진주 농민 봉기(1862년)를 일으켜 사회적 약자들의 힘을 보여 주었지만 실패했다.

10~11쪽

[길라잡이]

그림 설명

그림 설명
〈왼쪽 위〉
많은 사람들이 시장에서 자신들이 생산한 물품을 상평통보를 사용해 사고파는 모습.독도와 울릉도에 침입한 일본인들을 안용복이 쫓아내는 모습.
〈오른쪽 위〉
각종 특산물로 받던 세금을 쌀로 받는 제도인 대동법을 시행하는 모습. 당파 간의 싸움을 그만두고 서로 도와 나라를 다스리기 바라는 마음이 담긴 탕평비.
〈가운데 오른쪽〉
왕실 도서관인 규장각 설치와 일본으로부터 고구마가 전해 들어오는 모습. 영조 26년 백성들에게 2필씩 받던 군포를 1필로 감해 주는 균역법.
〈가운데 왼쪽〉
정조 임금의 꿈인 화성이 완성되고 화성 근처에 있는 사도 세자의 능으로 가는 모습. 서학인 천주교의 전파와 사람들이 믿는 모습.
〈왼쪽 아래〉
실학자들의 다양한 저술 활동과 유교 예법에 어긋난다는 이유로 천주교를 박해하는 모습. 부패 정치, 지역 차별 철폐를 내세우며 봉기했던 홍경래의 난 모습.
〈오른쪽 아래〉
서학에 맞선 최제우의 동학 창시, 김정호의 끝없는 노력으로 태어난 대동여지도, 부당한 세금 제도를 고치기 위한 진주 농민들의 민란 모습.

12~13쪽

[연표정답]

상평통보 제작(1678), **안용복**(1693), **대동법** 전국적 실시(1708), 영조즉위 **(1724)**, **탕평책**(1725), **고구마** (1763), **규장각**(1776), 서학금지 **(1786)**, **거중기**(1792), 화성 완공 **(1796)**, **홍경래의 난**(1811), 동학 창시 **(1860)**, **대동여지도**(1861), 진주농민봉기 **(1862)**

14쪽

[정답] | ○ → × → ○ → × → ○

[길라잡이]

　임진왜란 후 조선은 왜군의 방화와 약탈로 인한 문화적 손실도 매우 컸다. 불국사와 경복궁, 서적, 기타 주요 문화재가 소실되거나 약탈당했다. 얼마 후 병자호란으로 조선의 많은 사람들이 청나라로 끌려갔다.

15쪽

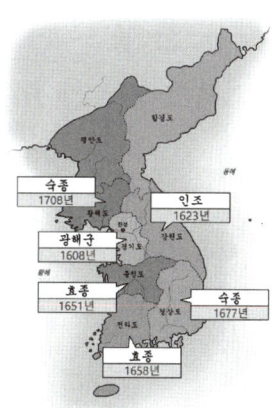

1. [예시답]
특산물을 재배하지 않거나 소유 토지가 없는 농민들도 특산물로 세금을 내야 냈다. 이런 농민들은 특산물을 비싸게 사서 내야 하는 부담이 컸다.
2. [예시답]
북방 지역은 세금을 거두어 사신 접대나 국방비로 사용했다.
[길라잡이]
 대동법을 가장 빨리 시행한 곳은 경기도(광해군 1608)이고 가장 늦게 시행한 곳은 황해도(숙종 1708)였다.

16쪽

[정답]
① 탕평책 ② 화성 ③ 서얼 ④ 규장각 ⑤ 균역법 ⑥ 고문
영조 : 1, 5, 6
정조 : 2, 3, 4
[길라잡이]
 영조의 업적은 탕평책을 실시했고, 균역법을 통해 세금을 줄여 주었다는 것이다. 초등학교 교과서에는 죄수에 대한 '세 번 조사'를 영조의 업적으로 설명한다.
 정조의 업적으로는 서얼들도 벼슬을 할 수 있는 기회 제공, 왕실 도서관인 규장각 설치, 화성 건설, 금난전권 폐지를 통한 자유 상업을 장려 등을 이야기할 수 있다.

17쪽

1. [예시답]
대동법은 모든 세금을 쌀이나 돈 등으로 내는 제도라면 균역법은 군대를 가지 않는 대신 내는 세금(군포)이다. 균역법은 당시 비단 두 필 내지 세 필을 내던 군포를 비단 한 필만 내게 한 제도이다.
2. [예시답]
백성들의 어려움을 덜어 주기 위한 의도였다.
[길라잡이]
 학생들 가운데는 대동법과 균역법을 혼동하는 경우가 많다. 대동세는 일반 세금이고 균역법은 군포와 관련된 제도이다. 제도가 오래 시행되자 각종 비리가 생겨났다.

18쪽

[예시답] | 인삼, 토마토, 담배, 채소, 보부상, 시전
원인 – 다양한 상품 작물 재배와 물건을 사고 파는 사람들이 증가함.
결과 – 다양한 시장의 형태가 나타나며 상평통보의 사용이 증가함.
[정답]
 시전

[정답]
장시
[길라잡이]
 고추는 임진왜란 이후에 담배, 호박과 함께 도입되었다. 감자는 조선 순조 24~25년(1824~1825)에 만주 간도 지방으로부터 도입된 것으로 알려져 있으며, 감자의 원산지는 남아메리카인 페루와 북부 볼리비아로 알려져 있다. 조선 시대에 시전을 운영하는 사람들은 특정 상품에 대한 독점 판매권을 부여받았다. 지방의 시장을 '장시'라고 하는데 이것이 지금은 '시장'이라는 단어로 바뀌었다. 보통은 5일에 한 번씩 열렸다.

19쪽

[정답]

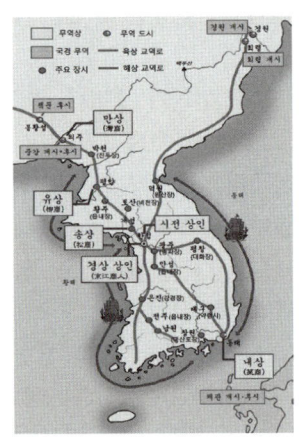

20쪽

[정답]
1) 면포와 쌀
[예시답]
2) 물물 교환보다는 필요한 물건을 사기에 편리했다. / 필요한 물건을 사기 위해서 다른 물건을 들고 오지 않아도 된다. / 값어치의 변화가 크지 않다. / 보관이 편리하다.
3) 불법으로 위조 화폐를 만들 수 있다. / 가지고 다니기에 무겁다.
4) 가볍다. / 보관이 편리하다. / 위조 화폐를 만들기 어렵다.
[길라잡이]
 15세기에는 저화라는 지폐, 마로 만든 옷감인 마포, 삼베로 만든 옷감인 정포를 공식 화폐로 사용하였다. 그러다가 면화 생산이 늘어나자 17세기 후반까지는 면포와 쌀을 화폐로 사용하기도 했다. 상공업의 발달과 세금의 금납화(쌀이나 옷감이 아닌 돈으로 내는 행위)가 이루어지면서 상평통보는 일차적인 유통 수단이 되어 이후 200여 년 간 사용되었다. 현대에 들어서면서 금속 화폐는 무겁고 부피가 크기 때문에 만들기 편하고

보관하기가 편리한 종이 화폐를 사용하기 시작했다.

21쪽

[정답]

1.

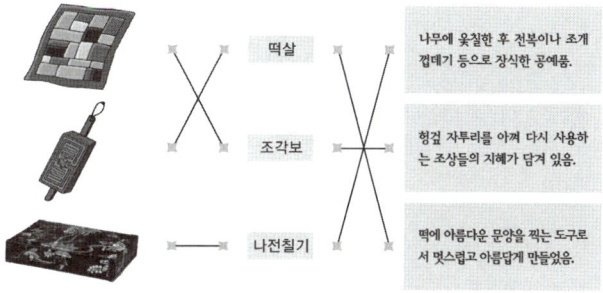

2. 분청사기 → 청화백자

3.

[길라잡이]

분청사기 : 분장회청사기의 준말이다. 상감 기법을 사용하여 만든다. 분청사기는 고려청자에서 조선 백자로 넘어가는 과도기에 전국적으로 제작되었다.

백자 : 명나라 백자의 영향과 흰 것을 사랑하고 숭상하던 일반적 풍조에 따라 꾸준히 발전되었다.

22쪽

[정답]

1. ① 서민 문화 ② 판소리 ③ 탈놀이
   ④ 한글 소설 ⑤ 민화
2. 조선 시대의 서민 문화에는 판소리, 탈놀이, 한글 소설, 민화 등이 있다.

[길라잡이]

조선 후기에 농업 생산량이 늘어나고 상업이 발달하면서 경제적으로 여유가 있는 서민들이 생겼다. 이러한 서민들이 문화와 예술에 관심을 갖기 시작하면서 새로운 문화가 생겨났는데 이것이 서민 문화이다. 당시 서민들이 즐겼던 문화에는 판소리, 탈놀이, 사설시조, 한글 소설, 민화 등이 있다.

23쪽

[정답]

허	가	수	궁	가	울	적
강	김	목	심	월	벽	일
춘	향	가	청	가	목	나
홍	우	말	가	마	창	호
지	길	장	화	홍	련	전
기	서	동	여	흥	부	가
호	금	토	전	장	미	파

판소리
1. 심청가, 2. 흥부가, 3. 춘향가, 4. 수궁가

한글 소설
1. 홍길동전, 2. 장화홍련전

[길라잡이]

판소리 : 판소리는 12곡이 전하여졌으나 고종 때 신재효가 춘향가, 심청가, 흥부가, 수궁가, 변강쇠 타령, 적벽가 등 여섯 마당을 정리하였을 뿐, 현재는 변강쇠 타령을 제외한 다섯 마당만 전해지고 있다.

한글 소설 : 지은이가 누구인지 모르는 경우가 대부분이다. 돈을 받고 한글 소설을 여러 사람에게 읽어 주는 사람(전기수)이 있었기 때문에 글을 모르는 일반 서민들에게도 한글 소설은 인기가 많았다.

24쪽

[정답]

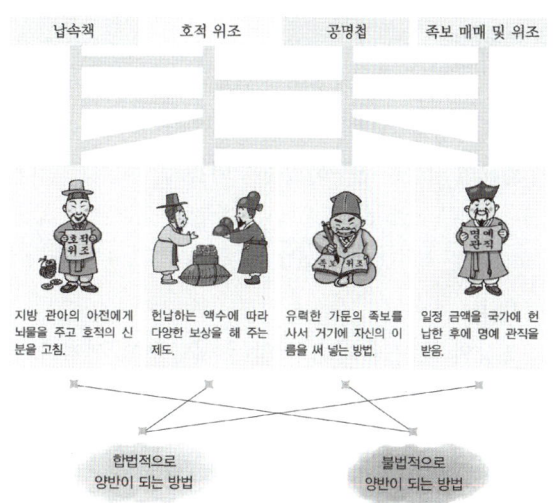

[길라잡이]
납속책
납속책은 부족한 재정을 보충하거나 흉년이 들었을 때 백성들을 구제하기 위해 곡물이나 돈을 받고 국가가 납속에 응한 자에게 일정한 특전을 부여한 정책이다.
호적 위조
지방 관아의 아전에게 뇌물을 주고 호적의 신분을 고침.
공명첩
공명첩 발급은 임진왜란 중에 시작되었는데, 누구에게나 팔 수 있도록 이름 쓰는 곳을 비워 두었다. 관청에서는 돈이나 곡식 등을 받고 부유층에게 공명첩을 주면서 관직을 팔았다. 또한 전쟁 중에 공이 있는 사람에게도 공명첩을 주어 천인인 경우에는 그 신분을 면제해 주었다.
족보 매매 및 위조
유력한 가문의 족보를 사서 거기에 자신의 이름을 써 넣는 방법

[예시답]
· 양반은 세금을 내지 않아서. / 양반은 부역(국가의 공익사업을 위해 보수 없이 일하는 행위)에 동원되지 않아서. / 각종 사회적 차별 때문에.

[예시답]
· 국가에 세금을 내는 사람이 줄어들어 국가 운영에 어려움이 생김. / 국가의 부역에 동원할 사람이 적어짐. / 신분 제도가 점차 흔들릴 것임. / 양반의 권위가 떨어질 것임.

25쪽

[정답]
(왼쪽 위부터 시계방향으로)
유득공 – 〈발해고〉, 신경준 – 〈산경표〉, 유희 – 〈언문지〉, 김정호 – 〈대동여지도〉, 정약전 – 〈자산어보〉, 박지원 – 〈열하일기〉, 〈연암집〉

[길라잡이]
실학 : 서양의 과학 기술이 소개되면서 실용적인 학문 연구의 필요성을 깨달은 학자들이 나타났다. 그들은 실생활에 필요한 학문을 연구하였는데 이를 실학이라고 한다.

26쪽

[예시답]
1. 조상의 제사를 지내지 않는 사람들이 생겨나기 시작함. 유교 예법에 어긋나며, 우리 고유의 풍속을 해친다고 생각함.
2. 천주교는 우리나라에 서양의 새로운 학문으로 들어와서 종교가 되었지만, 동학은 우리의 것을 지키려는 목적으로 새롭게 생겨난 종교이다.
3. 당시 엄격한 신분 제도로 차별받던 백성들에게 천주교와 동학의 교리(평등사상)는 모든 사람이 똑같다는 새로운 기대를 심어 주었다.

[길라잡이]
서학 : 천주교를 서학이라고도 한다. 그리고 서양의 선교사나 신부들이 전해 준 서양의 종교·윤리와 과학·기술 등에 대한 연구 전체를 서학이라고 칭하기도 한다.
동학 : 최제우는 서학에 맞선다는 의미의 '동학'을 창시하였다. 동학은 서학의 장점을 받아들였으면서도 전통적인 민간 신앙, 유교, 불교 등을 모두 녹여서 담고 있다.

27쪽

[정답]
홍경래의 난

[예시답]
관리들이 백성들을 위하지 않고 계속해서 부정과 탐학을 일삼았기 때문이다.

[길라잡이]
농민 봉기 속에서 농민들의 사회의식이 성장했고, 양반 중심의 통치 체계도 점차 무너져 갔다.

28쪽

[정답] | 전정, 군정, 환정(또는 환곡)

[예시답]
· 백성들의 삶이 더욱 힘들어진다. / 가난한 사람들은 더욱 가난해지고 부자들은 더욱 부자가 된다. / 관리들만 부자가 되고 백성들은 불평불만이 많아진다.

[예시답]
· 훌륭한 사람이라고 해도 벼슬하기가 점점 더 어려워졌다. / 백성들의 원성이 더욱 높아졌다. / 민중 봉기라도 일으켜야겠다는 생각을 하게 했다.

[길라잡이]
삼정의 문란

전정의 문란은 세금을 부과할 수 없는 토지에 대해서도 농민들에게 세금을 부과했기 때문에 발생했다.

군정의 문란은 군역을 대신하여 장정에게 부과되는 군포를 유아(황구첨정 : 黃口簽丁)나 사망자에게 부과(백골징포 : 白骨徵布)하거나, 도망자나 사망자의 친족(족징 : 族徵)이나 이웃(인징 : 隣徵)에게 부과했기 때문에 발생했다.

환정은 본래 가난한 농민에게 정부의 미곡을 꾸어 주었다가 추수기에 이자를 붙여 회수하는 것인데, 후기에는 고리대(높은 이자를 쳐서 갚는 일)로 변하여 그 폐단이 삼정 가운데서 가장 심하였다.

29쪽

[정답] | 1. 흥, 진, 흥, 진, 흥, 진
[예시답]
2. 농민들에게 과도한 세금을 부과하였다.
 열심히 일하고도 먹을 것이 부족하였다.

30쪽

1. [예시답]
지도의 대중화에 기여하기 위하여. 대량 생산을 위해.
2. [예시답]
김정호는 기존에 있던 지도와 여러 사람이 만든 지도들을 취합했고 미진한 곳은 답사하여 만들었다.
3. [예시답]
과거의 지도에 비해 정확하고 10리마다 표시하여 비교적 정확한 근대적 지도였다. 접었다 펼 수 있는 절첩식 지도로서 휴대하기가 좋아 상인들에게 유용하게 사용되었다.
[길라잡이]
대동여지도는 쉽게 구할 수 있어서 다른 나라 사람들에게 넘어가기 쉬워 국가의 비밀이 빨리 드러난다는 단점이 있었다.

31쪽

1. [예시답]
여론을 수렴하기에 좋았다. 서로의 학문적 입장을 인정하면서 상호 비판적인 공존체계를 이룰 수 있었다.
2. [예시답]
뒤로 갈수록 당쟁으로 이어졌고, 무조건 상대방을 몰아내는 데 급급해질 수 있다는 단점이 있다.
[길라잡이]
 붕당, 지금의 정당과 비슷하다. 붕당이나 정당은 국가와 국민을 위해야 하는데, 자칫 잘못하면 자신이나 자신이 속한 정당의 이익만을 추구할 수 있다는 단점이 있다.

32쪽

1. [예시답]
질문 : 일본에 가서 울릉도가 우리 영토임을 주장했을 때 무섭지 않았나요?
답 : 물론 무서웠지요. 하지만 군인으로 나라를 지키는 일이기에 용기를 냈습니다.
질문 : 어떻게 일본 오키 주에 가서 태수를 만날 생각을 하셨습니까?
답 : 우리 땅이 일본의 침입을 받는 것에 대해서 우리 땅을 지키고 싶었습니다.
2. [예시답]
· 국어 시간에 자기주장을 하기 위해서는 근거를 제시해야 한다고 했습니다. 독도가 우리 땅이라는 근거가 더 명확합니다. 근거도 없이 이야기하지 말기 바랍니다.
· 독도는 울릉도 옆에 있는 조그만 섬입니다. 눈으로도 보일 정도로 가까워요. 울릉도가 조선 땅이라면 당연히 독도도 조선 땅이지요.

33쪽

[정답] | 배
[예시답]
소원 : 신분 제도를 없애 주세요.
이유 : 신분 차별이 너무 심하기 때문입니다.
소원 : 탐관오리를 처벌해 주세요.
이유 : 각종 불법으로 백성들을 괴롭히기 때문입니다.
소원 : 가난한 사람들을 위한 병원을 많이 만들어 주세요.
이유 : 아파도 돈이 없어 병원에 갈 수 없어요.
[도움글]
상언과 격쟁
 정조는 백성의 억울함을 해결해 주고자 한 자애로운 군주였다. 상언은 억울함을 호소하기 위해 백성이 국왕에게 올리는 상소문이며, 격쟁은 국왕의 행차 길에 징과 북을 두드려 행차를 막고 억울함을 호소하는 것이다.

34~35쪽

[정답]
① 세계 문화유산, ② 팔달문, ③ 창룡문, ④ 화서문, ⑤ 장안문, ⑥ 돌, ⑦ 벽돌, ⑧ 거중기, ⑨ 녹로, ⑩ 화성성역의궤.
[정답] | 화성 건축에 사용된 과학 기술 : 거중기, 녹로.
[도움글]
왕권을 강화하고자 한 정조

정조는 과거를 통해 실력 있는 무인을 뽑았고, 그 수를 해마다 늘렸다. 당시 노론 세력들은 북촌을 중심으로 거주하면서 한양의 상권을 지배하여 이익을 독점하였는데 정조는 이에 맞서 그 대안으로 수원을 선택하였고, 화성을 건설하도록 명령하였다.

36쪽

[정답]
1. 잡초를 뽑는 횟수가 줄어든다(노동력 감소). 일 년에 두 번 농사짓는 것(쌀과 보리)이 가능하다(이모작 가능).
2. **물** : 저수지 건설, **영양분 고갈** : 거름주기
3. 두레와 품앗이

[길라잡이]
모내기법
모내기법을 활용하면 논에 직접 씨를 뿌리는 직파법에 비해 김매기에 필요한 노동력이 크게 줄어들고, 단위 면적당 수확량이 늘 뿐 아니라 이모작도 가능하다.

37쪽

1. [예시답]
실학사상. 또는 실사구시(實事求是), 이용후생(利用厚生)의 관점에서.
2. [예시답]
새로운 문물은 대부분 중국을 통해서 들어왔거나 중국에 간 영선사나 유학생을 통해서 들어왔고, 서양 선교사들이 들어올 때 가지고 왔다.
3. [예시답]
세계 지도는 당시 사람들의 세계관을 엿볼 수 있는데, 혼일강리역대국도지도를 보면 중국 중심의 세계 지도이다. 이는 중국이 세계의 중심이며 그다음이 조선이고 일본은 작은 나라였다는 세계관을 알 수 있다. 세계 지도를 보면서 조선 사람들은 더 넓은 세계가 있음을 깨달았다.

38쪽

[예시답]
· 숙제를 안 해서 회초리로 때리기는 했지만 울고 있으니 마음이 아프구나. / 하하하 남자가 혼났다고 울고 있다. / 나는 혼나지 않게 숙제를 열심히 해야겠다. / 엉엉엉, 이렇게 아플 줄 몰랐네.
[예시답]
· 결혼한 사람과 아이들이 같이 배우고 있다. / 아이부터 어른까지 같이 배운다. / 남자아이들이 머리를 길게 땋았다.

/ 공책이 없는 것으로 보아 그 당시의 공부는 쓰기보다는 읽기 중심이었던 것 같다.

39쪽

1. [예시답]
· 주자학은 실생활과는 거리가 멀어 백성의 어려움을 해결하는 데 도움을 줄 수 없었음.
· 서양의 과학 기술이 소개되면서 실용적인 학문 연구의 필요성을 느낀 학자들이 나타남.
2. [정답]
토지 제도, 상공업, 바른 정치, 연구, 선진 문물

40쪽

[정답] | 사림파, 훈구파, 붕당 정치, 인재 등용, 탕평책
[정답]
1) 영조가 탕평책을 강조하면서 직접 글을 써서 성균관 입구에 세운 비.
2) 신하들의 세력을 약화시키고 왕의 권한과 권위를 되찾기 위해서.
[예시답]
3) 왕권에 순종하며 백성을 위해 열심히 일하는 것.
[길라잡이]
탕평비
탕평은 '무편무당 왕도탕탕 무당무편 왕도평평(無偏無黨 王道蕩蕩 無黨無偏 王道平平)'이라는 〈서경〉의 글귀에서 따온 말로 '어느 편에도 치우지지 않는다.'는 뜻이다. 1742년 영조가 탕평책을 강조하면서 직접 글을 써서 성균관 입구에 비를 세웠다. 그 비문에는 다음과 같은 글귀가 적혀 있다. '남과 두루 친하되 편당을 가르지 않는 것이 군자의 마음이오, 편당만 짓고 남과 두루 친하지 못하는 것은 소인배의 사사로운 마음이다.'

41쪽

[정답]
1. 김홍도, 신윤복, 김득신   2. 왕   3. 사진
[예시답]
4. 백성들의 풍속을 관찰해야 나라를 잘 다스릴 수 있다고 생각했기 때문에. / 왕은 궁을 자유롭게 벗어나 백성들의 삶을 관찰할 수 없어서.
5. 축구하는 모습, 컴퓨터 하는 모습, 시험 보는 모습.
[길라잡이]
풍속화 : 풍속화는 서민들의 생활 모습을 그린 그림이다.

김홍도는 원래 궁궐(도화서)에 속한 화가였지만 서민들의 모습을 정감 있게 표현한 풍속화를 남긴 것으로 유명하다. 신윤복은 주로 양반 사회에 대한 풍자, 여성들의 생활 등을 소재로 그림을 그렸다.

42쪽

[예시답]

(까치), (호랑이) · (부부), (부부) · (행복) · (孝)

[정답]

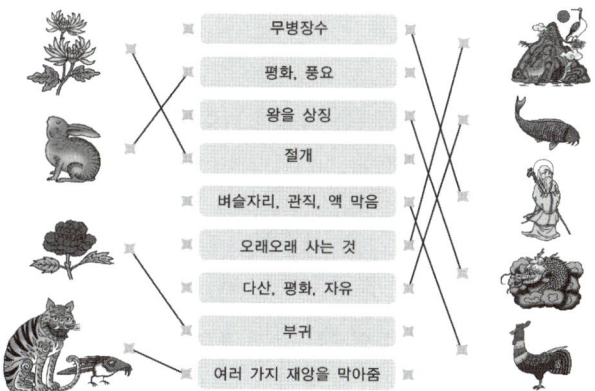

[길라잡이]

작호도(또는 호작도)는 까치(작 : 鵲))와 호랑이(호 : 虎)가 나오는 그림이다. 화조도(花鳥圖)는 꽃과 새를 의미하고, 백수백복도(白壽百福圖)는 백 개의 수(壽)와 백 개의 복(福), 그러니까 긴 수명과 행복을 뜻한다. 문자도는 문자(文字)를 그린 그림이다. 본문의 그림은 왼쪽 위부터 아래로 국화, 토끼, 모란, 호랑이와 까치이고, 오른쪽 위부터 아래로는 십장생, 물고기, 신선, 용, 닭이다.

43쪽

[정답] | ○, ×, ○, ○, ×

[예시답]

김만덕 님에게…

여자로 태어나 차별도 많았을 것인데 장사로 크게 성공했다니 존경스럽습니다. 저 같으면 차별받은 것 때문에 화가 나서 주변 사람을 도와줄 생각을 못할 것 같은데 모든 재산을 백성을 위해 사용한 점도 대단히 존경스럽습니다. 저도 앞으로는 마음을 좀 더 넓게 갖고 주변에 베풀며 살도록 노력하겠습니다.

○○○ 가 올림…

[길라잡이]

조선 초기가 지나면서 여성은 남성에 비해 많은 차별 대우를 받았다. 성종 이전까지는 여자의 재가(재혼)도 크게 문제 삼지 않을 정도였다. 그런데 성리학적 질서가 강화되면서 여성에 대한 차별과 억압은 심화되었다. 여자의 자유로운 문밖출입이 제한되었다.

44쪽

[정답]

1. 유형원 : 토지를 개혁해야 한다.
   박제가 : 상공업을 발달시켜야 한다.

[예시답]

2. 유형원   3. 이유 : 일단 먹고사는 것이 가장 중요하니까 먹을 것과 관련 있는 토지 개혁이 먼저이다.
2. 박제가   3. 이유 : 상공업을 발달시켜 일자리를 많이 만들면 사람들이 힘들게 농사를 짓지 않아도 먹고살 수 있게 된다.

[정답]

4. 유형원 : 이익, 정약용
   박제가 : 박지원, 홍대용

45쪽

1. [예시답]

양반은 세금을 내지 않는데 양반이 많아지면 세금이 줄기 때문에 노비의 아들은 엄마의 신분을 좇게 만들었다.

2. [예시답]

신분 차별이 심하고, 여성 차별이 심한 제도라고 할 수 있다. 소수의 양반이 끝까지 자신들의 권리를 유지하기 위해 만든 법률이다.

[길라잡이]

〈홍길동전〉의 홍길동은 엄마가 노비여서 얼자였다. 그래서 "아버지를 아버지라 부르지 못하고 형을 형이라고 부르지 못했다."

46쪽

1. [예시답]

규장각은 인재를 양성하기 위한 학교이자 개혁 군주의 사상을 확립하는 역할을 했고, 국립 도서관으로서 기능했다.

[길라잡이]

정조는 규장각을 통해 도서를 편찬하는 데도 힘을 기울여 많은 책을 편찬하였다. 그중에서도 매일매일의 정사(政事)를 기록한 〈일성록(日省錄)〉은 대표적인 책이다.

47쪽

1. [예시답]

정조는 실력이 있으면 서얼(둘째 부인의 아이 ; 평민 부인의 아이는 서자, 천민 부인의 아이는 얼자) 도 등용했다. 이것을 통해 정조는 서얼 차별 완화에 힘을 기울였음을 알 수 있다.
2. [예시답]
백동수가 쓴 〈무예도보통지〉
[길라잡이]
　정조는 신분 차별을 없애거나 완화하는 데 힘쓰기도 있다. 정조의 명으로 백동수가 편찬한 〈무예도보통지〉(武藝圖譜通志)(1790)는 북한의 첫 유네스코의 세계 기록 유산이 되었다. 백동수 역시 서얼이었다.

48쪽

1. [예시답]
실학자들.
2. [예시답]
　이들은 외국의 문물이라고 해도 배울 것이 있으면 배우고 따라 할 것이 있으면 따라 해야 한다고 생각했다.
[길라잡이]
　천문 기구나 선박과 화폐 사용 그리고 무역을 강조하는 것은 실사구시나 이용후생의 관점에서 대단히 중요하다.

49쪽

[길라잡이]
　실학자와 저서를 짝 지으면 다음과 같다. 유형원 – 〈반계수록〉, 박지원 – 〈연암집〉과 〈열하일기〉, 유득공 – 〈발해고〉, 신경준 – 〈산경표〉, 유희 – 〈언문지〉, 정약전 – 〈자산어보〉, 정약용 – 〈목민심서〉와 〈흠흠신서〉 그리고 〈경세유표〉, 김정호 – 〈대동여지도〉, 이익 – 〈성호사설〉, 박제가 – 〈북학의〉, 이중환 – 〈택리지〉, 홍대용 – 〈의산문답〉 등이다. 이 외에 추사 김정희 – 〈완당집〉과 〈금석과안록〉, 유수원 – 〈우서〉, 이수광 : 명나라 사신으로 다녀온 경험으로 쓴 〈지봉유설〉 등이 있다.

50쪽

[예시답]
영·정조 – 왕권 강화(주가지) – 탕평책 – 규장각 설치 – 화성 완공
백성들을 위한 정치(주가지) – 균역법 – 서얼들에게 벼슬길을 열어 둠 – 고문 금지 – 삼심제 강화 상언과 격쟁
신분 제도 – 반상(班常 : 양반과 중인, 상민, 천인)의 격차가 엄격함 – 전쟁 때문에 신분 제도가 흔들림 – 양반을 사고팔기도 함(공명첩) – 아전에게 돈을 주고 호적의 신분을 고침 – 과거 합격증(홍패)을 위조함
서민 문화 – 판소리 – 탈놀이 – 한글 소설 – 민화
판소리(부가지) – 춘향가 – 심청가 – 흥부가 – 수궁가 – 변강쇠 타령 – 적벽가
실학 – 유형원 – 〈반계수록〉, 박지원 – 〈연암집〉과 〈열하일기〉, 유득공 – 〈발해고〉, 신경준 – 〈산경표〉, 유희 – 〈언문지〉, 정약전 – 〈자산어보〉, 정약용 – 〈목민심서〉 – 〈흠흠신서〉 – 〈경세유표〉, 김정호 – 〈대동여지도〉, 이익 – 〈성호사설〉, 박제가 – 〈북학의〉, 이중환 – 〈택리지〉, 홍대용 – 〈의산문답〉
농촌의 변화 및 시장의 성장 – 상품 작물 재배 – 시장의 활성화 – 상평통보 – 시전과 난전 – 금난전권 폐지
모내기법 – 이모작 – 고구마 전래 – 굶주림이 줄고 살림살이가 나아짐
[길라잡이]
　학생들이 앞에서 배운 내용을 바탕으로 주제에 맞게 정리할 수 있도록 한다.

51쪽

[길라잡이]
　이 문제의 출제 의도는 조선 후기에 존재했던 인물들을 다시 한 번 생각해 보자는 데 있다. 이 문제를 대할 때 가장 닮고 싶거나 자랑하고 싶은 인물로 어떤 인물을 선택하든 상관이 없지만 그 이유는 적절해야 한다.
[예시답 1]
가장 닮고 싶거나 자랑하고 싶은 인물 : 안용복
이유 : 독도와 울릉도를 일본으로부터 지켜냈기 때문이다.
[예시답 2]
가장 닮고 싶거나 자랑하고 싶은 인물 : 김홍도
이유 : 재미있는 풍속화를 많이 그려 그때의 모습을 우리가 알 수 있게 해 주었기 때문이다.

52쪽

[길라잡이]
　사건의 역사적 배경 설명과 선택 근거는 정교하고 구체적일수록 좋다.
[예시답 1]
가장 인상적이거나 의미 있는 사건 : 화성 완공
이유 : 정조의 꿈이 현실 속에서 이루어질 수 있음을 알려 주는 사건이기 때문이다.
[예시답 2]
가장 인상적이거나 의미 있는 사건 : 홍경래의 난
이유 : 비록 난을 일으킨 것은 잘못이지만 당시 백성들이 얼마나 힘들었는지 알 수 있는 사건이기 때문이다.

리더를 위한 역사 논술 ④